LE
NEUF DE PIQUE

PAR

Mᵐᵉ LA COMTESSE D'ASH.

I

PARIS
ALEXANDRE CADOT, ÉDITEUR,
37, RUE SERPENTE.
—
1853

LE

NEUF DE PIQUE.

Ouvrages de Xavier de Montépin.

Les Oiseaux de Nuit	5 vol.
Le Vicomte Raphaël	5 vol.
Mignonne	3 vol.
Brelan de Dames	4 vol.
Le Loup noir	2 vol.
Confessions d'un Bohême	5 vol.
Les Amours d'un Fou	4 vol.
Pivoine	2 vol.
Les Viveurs d'autrefois	4 vol.
Les Chevaliers du Lansquenet	10 vol.

Sous presse.

Les Valets de Cœur.
Mademoiselle Kérovan.

Ouvrages de G. de La Landelle.

Les Iles de Glace	4 vol.
Une Haine à Bord	2 vol.
Le Morne aux Serpents	2 vol.
Les Princes d'Ébène	5 vol.
Falkar le Rouge	5 vol.

Ouvrages d'Alexandre Dumas fils.

La Dame aux camélias	1 vol.
Tristan le Roux	3 vol.
Aventures de quatre femmes	6 vol.
Le docteur Servans	3 vol.
Le Roman d'une femme	4 vol.
Césarine	1 vol.

Sous presse.

Les Amours véritables.

Impr. de E. Dépée, à Sceaux (Seine).

LE
NEUF DE PIQUE

PAR

Mme LA COMTESSE D'ASH.

PARIS
ALEXANDRE CADOT, ÉDITEUR,
37, RUE SERPENTE.

1853

I

—

Bergerie.

Poitiers est une vieille ville, pleine de souvenirs. Elle n'est point belle, mais elle est admirablement située. Les anciens monuments y abondent; ses rues étroites et tortueuses, où se voient encore des maisons de bois à pignons pointus, ont laissé passer bien des événements. La monarchie y a plusieurs fois cherché un refuge : ce sol, éminemment français, a reçu le baptême de sang par une fameuse bataille, trop fameuse dans les fastes ennemis. Le Poitou est une de nos provinces les plus remarquables, bien que la moins exploitée par le roman et par la fantaisie; les traditions s'y sont conservées longtemps après qu'elles eurent disparu ailleurs. Le paysan poitevin, fidèle à son Dieu, à son roi, à ses coutumes, est resté bien des années le dernier modèle d'un type oublié. On dit que là aussi ce type s'efface peu à peu. Tant pis! car on ne le retrouvera plus.

Vivonne, sorte de ville à quelques lieues de Poitiers, est la *capitale* d'un ancien duché appartenant à la maison de Mortemart, elle montre avec orgueil le vieux château qui la domine. Les deux petites rivières, la Vive et la Vonne, se rencontrent sous ses murs et lui donnent leur nom réuni. Les environs sont charmants : c'est un paysage de Watteau, moins les houlettes et les rubans roses.

Un beau castel du temps de la renaissance, situé dans la vallée, à une lieue environ de la ville, s'appelait autrefois Saulieu. Nous conduirons le lecteur dans cette habitation délicieuse, ombragée de grands arbres, entourée des eaux de la Vive, limpides comme du cristal, se repliant plusieurs fois sur elles-mêmes et serpentant autour des fossés qu'elles alimentent. Le château brille des feux du soleil couchant, les fenêtres à petits carreaux de plomb étincèlent de mille couleurs, les cheminées fument joyeusement, les oiseaux chantent, les fleurs embaument, c'est à cette heure de la journée où tout est bonheur et gaîté. Cette demeure seigneuriale, étalant tout le luxe d'une époque féodale encore, malgré les efforts du cardinal de Richelieu pour tuer la féodalité, respirait un sentiment de bien-être et de tranquillité indiscible. On devait vivre doucement à l'abri de ces tourelles pointues, sous ces grands écussons de pierre et ces hautes croisées de dentelles solides, soutenues de monstres curieux. Un grand nombre de domestiques allaient et venaient à travers les portiques, tous les visages étaient satisfaits, nul ne semblait souffrir.

Deux jeunes filles se promenaient lentement au bord de la Vive, en dehors du parc : leurs regards se tournaient sans cesse derrière elles, comme si elles craignaient d'être observées; craintives et charmées pourtant, elles se pressaient l'une contre l'autre et parlaient tout bas. L'aînée avait dix-neuf ans, la cadette une année de moins à peu près. Toutes deux de la même taille, il régnait dans leurs traits une ressemblance évidente, bien que la première fût brune, et la plus jeune blonde. En les voyant marcher, vêtues absolument de même, du si joli costume de ce temps de Louis XIII, il devenait impossible de les distinguer : c'était la même grâce, la même élégance ; la manière dont elles s'appuyaient l'une sur l'autre indiquait une confiance entière, une affection sans bornes. Elles causaient sérieusement, un chagrin pesait sur elles, un de ces naïfs chagrins de cet âge qui nous accablent et nous brisent presque autant que le font plus tard les graves événements de la vie.

—Oui, ma sœur, disait la plus jeune, je l'ai vu, ma grand'mère l'a reçu dans son cabinet, elle a fait appeler madame Legrand, ils se sont enfermés tous les trois, et c'est à la suite de cette conférence que le voyage a été rompu.

— Je ne m'en consolerai jamais, Béatrix, car à présent l'occasion ne se présentera plus. M. de Ravière avait bien besoin de se mêler de cela. Qu'a-t-il pu dire à notre gouvernante? C'est elle sans doute qui aura décidé, et ma grand'mère n'a pas d'elle-même pensé à nous affliger ainsi!

— Je vous assure, ma chère Isabelle, que je n'y comprends rien. Certes nous avons le droit de nous plaindre. Ce n'est ni vous, ni moi qui avons imaginé ce départ : l'idée de Paris ne nous serait pas venue sans nous être inspirée. On nous a annoncé que nous y passerions l'hiver avec ma grand'-mère et madame Legrand, nous nous sommes arrangées là-dessus; nous avons formé nos projets, et maintenant on nous refuse ce qu'on nous avait offert, en nous grondant même, je gage, si on s'apercevait que nous sortons du parc. C'est criant d'injustice, et tout cela pour M. de Ravière !

— Je détesterai M. de Ravière !

— Non, ma sœur ; non, il fut l'ami, le compagnon d'armes de notre père, il l'a vu mourir, il nous a apporté sa dernière volonté, il a consolé jusqu'à sa mort notre pauvre mère, il a consolé notre aïeule, lorsqu'elle les eut perdus tous les deux, il ne faut pas le détester, mais il faut le combattre, il faut lui apprendre à ne pas nous ôter nos plus chères espérances, vous verrez comme il sera confus !

— Et si Jacques était ici encore !

— Jacques est un bel officier, qui s'amuse à sa garnison et qui ne pense guère à nous.

Isabelle rougit et détourna son visage

pour cacher sa rougeur. Béatrix ne s'en aperçut pas, elle continua :

— Eh ! bien, que décidez-vous ?

— Je ne sais encore vraiment. On nous apprendra peut-être le motif de ce changement, nous pourrons agir en conséquence.

— Madame Legrand ne nous dira rien.

— Ma grand'mère parlera.

Toutes deux se regardèrent en souriant.

— Ma grand'mère nous contera tout ce que nous voudrons savoir, et si nous la prions bien, elle nous mènera à Paris malgré tout. Et Paris, jugez donc, Paris ! les promenades, les fêtes, la cour ! Tout ce que nous voyons dans les livres et que nous ignorons ! Nous, pauvres enfants, habitant Saulieu depuis notre enfance, n'ayant jamais aperçu une ville, pas même la plus petite, excepté Vivonne, qui n'est qu'un gros bourg.

— Je me suis souvent demandé pourquoi on nous renfermait ainsi, pourquoi nous ne menions pas la vie de tout le monde. Il doit y avoir un motif.

— Oh! je le sais bien, moi! répliqua Béatrix d'un air important.

— Vous le savez!

— Oui.

— Comment se fait-il alors que je ne le sache pas?

— Parce que c'est un secret et que je suis l'aînée.

— Belle raison!

— Raison sans réplique... puis je ne suis pas très sûre de mon fait.

— Comment?

— Oui, je crois avoir deviné, mais je me trompe peut-être.

— Avouez donc que vous ne savez rien, reprit Béatrix, en riant d'un air de bonne humeur.

— Ah! je ne sais rien! Ah! il n'y a pas un secret dans la vie de ma grand'mère, dans le mariage de nos parents. Ah! nous n'avons pas une tante dont on ne nous parle jamais...

— Une tante! et quelle tante?

— Voilà justement ce que j'ignore, et ce qu'il m'est absolument difficile de deviner; enfin c'est pour cela que nous n'allons pas à Paris, soyez-en sûre.

— Vous n'allez pas à Paris, mademoiselle, dit tout à coup une voix qui les fit tressaillir, parce que le médecin de madame la marquise l'a défendu, et que vous ne voulez pas la faire mourir apparemment.

Les deux sœurs s'étaient séparées après cette interruption intempestive. Leur premier mouvement fut de fuir, comme deux colombes effarouchées. Madame Legrand les rappela. Elles s'arrêtèrent.

— Vous êtes sorties seules du parc, et cela vous était défendu; vous vous promenez au bord de la rivière, et vous savez que les serpents et les autres bêtes se cachent dans ces hautes herbes. Mes chères filles, songez-vous donc à nous affliger, votre grand' mère et moi?

Elles se rapprochèrent spontanément et lui prirent chacune une main.

— Pardonnez-nous! ajoutèrent-elles.

— Certes, je vous pardonne, puisque vous sentez votre faute. Vos visages tristes me révèlent assez votre contrariété; il faut demeurer à Saulieu, et vous vous trouvez malheureuses! Malheureuses ici! Oh! si vous connaissiez le monde, combien vous chéririez cette douce retraite, combien vous craindriez de la quitter jamais!

— Pourtant, ma bonne amie, on vit dans le monde, on s'y amuse, on s'y plaît...

— Et l'on y souffre! et l'on n'aspire qu'à le fuir; croyez-moi, mes enfants, remerciez Dieu qui vous a donné ce beau nid pour vous abriter, restez-y le plus longtemps possible, restez-y toujours.

— Mais, madame, ma grand'mère a passé la plus grande partie de sa vie à Paris, mais ma mère y est née, y a été élevée, n'est-ce pas?

— Votre grand' mère, ma chère Isabelle, a fui ce lieu de malheur, et ne l'a jamais voulu revoir; votre mère, depuis son mariage, est restée ici.

— Alors pourquoi parlait-on de nous y conduire, si l'on y a tant à craindre?

La gouvernante parut un instant embarrassée de la naïveté de Béatrix, elle hésita à répondre.

— Madame la marquise s'était résignée à vaincre sa répugnance pour votre avantage, elle croyait devoir vous mener à Paris et vous présenter à la cour. Sa santé ne le lui a pas permis, c'est là tout ce que je puis vous dire, car il n'y a pas autre chose.

— Allons! nous resterons donc puisqu'il le faut, et sans nous plaindre encore, ma bonne grand' mère en serait trop affligée; elle aime tant à nous faire plaisir!

— Voici l'heure de son souper, ne la faites point attendre. Mes chères filles, à l'âge de madame de Saulieu, les habitudes sont des nécessités. Soyez gaies, si cela vous est possible, faites-lui sa lecture habituelle, que Béatrix soigne le pauvre vieux Cyrus, enfin déployez vos grâces et vos attentions, elle sera sensible à tout.

Les trois femmes se dirigèrent vers le

château; madame Legrand marchant un peu en arrière de ses élèves et les épiant du regard. Une crainte qu'elle dissimulait agitait son cœur, elle cachait à ces enfants, si novices encore, quelque douleur ou quelque préoccupation. La cloche du souper se fit entendre, mesdemoiselles de Saulieu se mirent à courir, et cette course emporta leurs regrets; elles arrivèrent aux pieds de leur aïeule, essoufflées et souriantes, se tenant par la main, et toutes deux lui présentèrent leurs fronts qu'elle baisa.

— Que Dieu vous bénisse, mes chères bien-aimées! dit la marquise.

— Merci, ma mère, répondit Isabelle, mademoiselle de Saulieu. Selon l'usage du temps elles avaient chacune un nom de terre par lequel on les distinguait, Béatrix s'appelait mademoiselle de Grivelle. Excepté dans leur intérieur, entre elles deux, elles ne portaient pas leurs noms de baptême, madame de Saulieu le leur donnait seule.

— Mes enfants, nous souperons vîte, n'est-ce pas?

— Ma mère, vous êtes fatiguée, vous voulez vous coucher?

— Non, je veux causer avec vous.

— Et pourquoi?

— Vous le verrez tout à l'heure. C'est un entretien grave que je réclame, il décidera peut-être de votre avenir. Soupons d'abord.

— Grand' mère, je n'ai plus faim.

— Enfant!

— Grand' mère vous avez vu M. de Ravière?

— M. de Ravière est parti pour Paris.

— Ah! sans nous!

— Voilà pourquoi nous n'y allons pas.

— Le vilain homme!

— Béatrix, M. de Ravière est mon ami.

— C'est vrai, ma grand'mère, pardonnez-moi. Soupons!

Les trois dames se mirent à table. Les usages du temps, si cérémonieux, reléguaient madame Legrand au bout inférieur, avec l'écuyer et la demoiselle suivante de la marquise. Le repas fut silencieux; les jeunes filles essayèrent en vain de l'égayer; malgré elles, elles s'inquiétaient, elles redoutaient ce qu'elles allaient entendre; le visage de leur grand'mère était solennel, préoccupé. Les événements publics, fort graves en ce moment, contribuaient peut-être à cette préoccupation. On était vers la fin du règne de Louis XIII, le Cardinal vivait encore, il venait de sacrifier le duc de Montmorency et Châlais; le supplice de Cinq-Mars se préparait dans l'avenir. Nul grand seigneur ne se sentait en sûreté.

Après le souper, auquel le chapelain assistait d'ordinaire, Isabelle remplit son office et prononça les grâces. On se leva, on passa dans le cabinet de la marquise, on ouvrit les portes du jardin pour laisser entrer les senteurs des plates-bandes et les derniers rayons du jour; l'aïeule se plaça dans son fauteuil, près de la terrasse; les jeunes filles s'agenouillèrent à ses côtés, leur cœur battait d'impatience.

— Dites à présent, madame, commença Béatrix.

— Embrassez-moi d'abord, mes filles chéries, mes anges, j'ai besoin de vous serrer dans mes bras.

— Bonne mère ! c'est donc bien terrible !

— Ce n'est pas terrible, mon enfant, c'est très sérieux. Et puis..... je suis si vieille !

— Vous, grand'mère ! vous êtes jeune

et belle, vous vivrez cent ans, vos cheveux blancs vous siéent mieux que toutes nos boucles. Ne parlez pas ainsi.

— Il faut s'accoutumer à cette idée, il faut s'accoutumer à tout ici-bas, et puis j'ai tant souffert! Je me reposerai maintenant. Mesdemoiselles, vous êtes instruites depuis votre enfance des projets de votre famille?

— Oui, ma mère.

— Oh! mon Dieu, l'on veut nous marier! s'écria Béatrix.

— Vous avez dix-neuf ans, Isabelle, et vous dix-huit, c'est l'âge fixé par votre père, je dois accomplir ses volontés, je lui ai promis et je le ferai.

Isabelle devint pâle comme un spectre et mit sa main sur son cœur, qui l'étouffait. Elle trouva la force de se contenir. Béatrix baissa les yeux.

— Monsieur de Fouquerolles arrivera demain, Isabelle; M. d'Oston sera ici ce soir.

— M. d'Oston? reprit étourdiment la jeune fille.

— Oui, M. d'Oston, votre cousin, ne savez-vous plus ce qu'il vient faire?

— Bonne mère! Et vous?

— Moi, chères filles, je vous garderai ici dans ce vieux manoir, tant que vous voudrez y rester, mes deux beaux couples de colombes; quand vous vous envolerez, Dieu me fera, j'espère, la grâce de rejoindre ceux qui m'attendent dans la chapelle.

Une larme roula des longs cils de Béatrix, elle baisa la main de son aïeule et resta la tête appuyée sur ses genoux. Cette posture elle était charmante. Isabelle, elle, se tenait debout, dans la même attitude de douleur et de réflexion, tout à coup elle rompit le silence et dit résolument à madame de Saulieu :

— Je ne me marierai point, ma mère.

— Et pourquoi, mon Dieu !

— Parce que je n'aime point M. de Fouquerolles.

— Vous l'aimerez plus tard !

— Parce que j'en aime un autre, madame.

— Vous aussi, malheureuse enfant ! s'écria la marquise en cachant sa tête dans ses mains. Ah ! j'en mourrai !

— Ma mère, reprit Béatrix, Isabelle ne veut point vous affliger, elle se trompe, ou si elle ne se trompe pas, elle oubliera tout pour que vous soyez heureuse.

— Isabelle, ma fille ! au nom de tout ce que vous avez de plus cher au monde, est-il vrai que vous ayez un amour dans le cœur? Un amour qui n'est point pour le marquis de Fouquerolles? répondez, je vous en conjure, et ne craignez rien.

— Il est vrai, ma mère, que j'ai un amour dans le cœur, un amour que rien ne peut éteindre, ni dominer, il est vrai que cet amour n'est point pour M. le marquis de Fouquerolles.

— Et pour qui est-il alors?

— Dois-je le dire, madame?

— Ici, devant moi, devant votre sœur, qui vous empêcherait de l'avouer?

— Celui que j'aime vous le connaissez, ma mère, c'est Jacques de Maulevrier, le fils de votre amie, le seul jeune homme que j'aie connu jusqu'ici.

— Mon Dieu! mon Dieu! me destiniez-vous encore cette épreuve!

— Et je vous l'avoue, ma mère, si je suis forcée d'en accepter un autre je ne resterai pas longtemps avec lui, avec vous.

— Mon Dieu! mon Dieu! répétait la vieille femme en sanglotant.

— Isabelle, vous le voyez, vous voyez votre ouvrage, interrompit Béatrix d'un ton de reproche, qu'aviez-vous besoin de lui parler de Jacques à présent!

Isabelle jeta son long regard sur sa sœur, avec un sourire de pitié. Bien qu'une année seulement les séparât, la distance était immense entr'elles. L'aînée avait éveillé son cœur, celui de la cadette sommeillait encore. L'une soulevait le rideau de l'avenir, et entrait dans cette voie des passions, où l'on marche si vîte, en laissant des lambeaux de sa chair aux épines du chemin, l'autre tenait à l'enfance par ses joies naïves, par ses larmes puériles, elle ne se doutait pas qu'elle eût autre chose à connaître. L'amour de sa sœur pour Jacques ne la touchait point, elle ne le comprenait pas. Elle ne voyait en tout cela que la douleur de sa grand'-mère, et ne mesurait pas plus cette douleur que le sentiment ignoré.

— J'ai fait ce que j'ai dû, continua mademoiselle de Saulieu, ma grand'mère m'a entendue maintenant, c'est à elle de décider le reste.

Au moment même la porte s'ouvrit et une vieille femme, plus cassée que la marquise, entra dans l'appartement.

— Madame la marquise, une dame masquée, arrivant en litière, vous demande l'honneur d'un entretien secret.

— Ah ! répliqua la marquise, quel messager de malheur m'arrive encore maintenant?

II

—

L'Inconnue.

Béatrix, inquiète de l'état de sa grand'-mère, se hâta de suivre la femme de charge, en déclarant qu'elle parlerait d'abord à la dame et qu'elle l'empêcherait bien d'entrer.

— Radegonde, vous allez me conduire, ma grand'mère souffre, madame Legrand verra l'étrangère à sa place. Il faut que cela soit ainsi, Radegonde, je le veux.

— Ma chère demoiselle, je ne demande pas mieux, certes, mais je n'ai pas tout dit à madame, voilà pourquoi je vous ai fait signe de me suivre. Cette étrangère est chargée d'un ordre de Son Eminence, pour madame la marquise.

— Que dites-vous là ?

— Je dis la vérité ; madame Legrand est je ne sais où, madame de Saulieu pleure, il fallait pourtant bien quelqu'un à qui parler.

— Radegonde, où est cette dame ? que je la voie sur-le-champ.

— Elle est encore dans sa litière.

— J'y vais, ma grand'mère ne nous suivra pas. Vîte, vîte, courons !

Radegonde était une vassale de la maison de Rochegude, ayant suivi sa maîtresse lorsqu'elle épousa M. de Saulieu, elle ne l'avait jamais quittée depuis. Son dévoûment pour elle et pour les siens allait jusqu'au fanatisme. Elle avait élevé tous les enfants, elle les aimait comme leur mère, et l'idée qu'on pût les contrarier en la moindre chose la mettait hors d'elle-même. Elle marchait devant mademoiselle de Grivelle, en lui recommandant la prudence; dès qu'elles furent dans le vestibule elle lui montra de loin la litière, en ajoutant :

— Allez ! je serai là.

Béatrix avança sans timidité, sans gaucherie.

— Madame, dit-elle, vous désirez voir madame la marquise de Saulieu, n'est-ce pas ?

— Vous êtes mademoiselle de Saulieu ? demanda l'inconnue avec émotion.

— Je suis mademoiselle de Grivelle, madame. Mais que lui voulez-vous, à ma grand'mère?

La dame ne répondit pas, elle arracha vivement une torche des mains d'un laquais, qui la portait, et la promenant autour du visage de Béatrix, elle l'examina curieusement :

— Oui, pousuivit-elle, vous devez être mademoiselle de Grivelle, vous avez la fatale beauté de votre maison.

La jeune fille était fière, la rougeur lui monta au visage, elle reprit avec hauteur, en se reculant :

— Que voulez-vous dire à madame la marquise de Saulieu, madame, j'attends.

— Je ne puis le confier qu'à elle, mademoiselle.

— Alors, madame, vous allez vous en aller tout à l'heure. A l'âge de ma grand'mère, dans son état de faiblesse, on ne reçoit pas le premier venu.

— Voici mon droit, mademoiselle.

Elle lui montra le sceau du cardinal de Richelieu, apposé sur un parchemin.

— Vous devez remettre ceci?

— A madame la marquise elle-même, de suite.

Béatrix se frappa la tête.

— Mon Dieu! que faire! cherchez partout madame Legrand, Radegonde.

— Vous hésitez beaucoup à obéir à Son Eminence, mademoiselle. Que signifie cela? Saulieu serait-il un refuge de rebelles?

— Saulieu est habité par de fidèles sujets du roi, madame; nous ne craignons ni M. le cardinal, ni qui que ce soit, car nous sommes de bons serviteurs.

Pendant qu'elle parlait Isabelle arriva derrière elle, le visage bouleversé, les joues brillantes encore des larmes qu'elle avait versées, sa beauté plus sévère, plus formée que celle de sa sœur, frappa davantage encore l'étrangère.

— Oh! s'écria-t-elle, voici mademoiselle de Saulieu !

Sa voix prit un accent déchirant en prononçant ces mots.

— Oui, madame, je suis mademoiselle de Saulieu. Que vous importe ?

— Toujours le même sang, murmura l'étrangère. Il faut que je voie madame de Saulieu, mesdemoiselles, il le faut, où votre maison serait responsable des suites.

Isabelle eut un instant d'hésitation, elle allait répondre lorsqu'un paysan qui depuis un instant se glissait dans la foule, arriva jusqu'à elle et lui mit une lettre dans la main, en ajoutant à voix basse :

— Lisez de suite et silence !

Mademoiselle de Saulieu rompit le cachet, lut les quelques lignes que renfermait le billet devint d'une pâleur effrayante et garda le silence quelques minutes.

— Madame, dit-elle enfin, vous ne verrez pas ma grand'mère, ou vous la verrez en ma présence.

— Il faut, et je vous le répète pour la dernière fois, il faut que je parle à madame de Saulieu sans témoins. Vous êtes bien jeunes, mesdemoiselles; vous ignorez la conséquence de ces difficultés, n'y a-t-il donc ici personne avec qui l'on puisse s'expliquer raisonnablement?

— Me voici, madame, me voici, interrompit madame Legrand qui venait d'arriver, qui dois-je annoncer à madame la marquise?

L'étrangère répéta ce qu'elle avait déjà raconté, montra de nouveau le sceau du cardinal et insista plus que jamais pour remplir sa mission. Madame Legrand l'écouta sans répliquer, s'inclina devant elle, et lui fit signe de descendre.

— Mais, madame, s'écria mademoiselle de Saulieu, nous ne pouvons permettre cette entrevue, nous ne le pouvons pas, en vérité. A l'âge de ma grand'mère, dans son état de santé tout est dangereux, que madame nous confie...

— Rien, mademoiselle, c'est un secret d'Etat.

Ce mot répondait à tout, en ce temps de soumission et de respect pour l'autorité établie. Les jeunes filles se regardèrent d'un air craintif, mais résolu encore pourtant, et semblèrent se consulter par ce regard.

— Pardon, madame, reprit Isabelle en se plaçant devant l'ambassadrice descendue de sa litière, pardon, mais un mot encore. Si vous nous faites l'honneur d'être notre hôte, les portes du château de Saulieu s'ouvriront toutes devant vous, soyez la bien venue; si vous persistez dans votre résolution, mes domestiques ne me refuseront pas leur aide, et il n'en est pas un d'entre eux qui ne défende sa maîtresse sans s'inquiéter des conséquences.

— Mademoiselle! s'écria madame Legrand, vous ne savez pas...

— C'est vous qui ne savez pas, au contraire, répliqua la jeune fille avec un accent déchirant. Oh! je vous en supplie, je vous en conjure, qu'elle n'aille pas plus loin! qu'elle n'aille pas plus loin!

L'insistance étrange de mademoiselle de Saulieu étonna sa gouvernante et commença à lui donner des soupçons. Que craignait-elle donc de cette inconnue? n'était-elle pas chargée des pouvoirs du cardinal? La violence serait-elle employée vis-à-vis d'une femme de cet âge, de cette importance et de cette qualité? Rien n'était moins probable assurément. Madame Legrand comptait d'ailleurs exercer une surveillance minutieuse, et enfin si un attentat était résolu contre la liberté de la marquise le ministre n'était-il pas tout puissant et parviendraient-elles à l'empêcher? La raison voulait donc que l'on se soumit, madame Legrand prit un ton d'autorité, écarta de la main ses élèves qui résistaient encore :

— Venez, madame, et suivez-moi, ajouta-t-elle avec beaucoup de dignité.

Béatrix se rangea contre le mur, mais sa sœur rouge et animée, contenant les larmes qui s'échappaient malgré elle de ses yeux, courut en avant et attendit les deux femmes dans la salle où elles devaient nécessairement passer, et lorsqu'elles furent seules :

— Madame! madame! au nom du ciel! qu'allez-vous dire à ma grand'mère?

La dame recula surprise, et répondit avec hauteur :

— Ce qu'une jeune fille de votre âge ne doit pas savoir, reculez-vous et laissez-moi l'entrée.

Mais la résistance doubla les forces et la persévérance d'Isabelle, elle s'élança vers la porte du cabinet de la marquise en s'appuyant le dos contre le chambranle :

— Non, vous n'entrerez pas, dit-elle.

— Cette jeune fille est folle! reprit l'inconnue en se retournant vers la gouvernante, plus surprise qu'elle.

— Cette jeune fille est, je crois, sous l'influence d'une vive émotion, laissez-moi la raisonner, madame.

— Je n'ai pas le temps d'attendre, que cette scène se termine sur-le-champ, ou j'appelle les hoquetons de M. le cardinal, qui m'ont suivie, pour me faire livrer le passage.

— Vous entendez, mademoiselle?

— Oh! mon Dieu! mon Dieu! que faire? murmura mademoiselle de Saulieu, en cachant sa tête dans ses mains.

Béatrix entrait en ce moment, inquiète aussi, mais timide, à l'aspect de sa sœur, qui pleurait à chaudes larmes, elle courut vers elle et la prit dans ses bras :

— Qu'avez-vous, ma sœur? que vous fait-on? que signifie cette violence?

— Oh! Béatrix! Béatrix! si vous ne voulez pas que je meure, aidez-moi à l'empêcher de passer.

Cette résistance était si extraordinaire, si hors des habitudes d'Isabelle que madame Legrand ne se l'expliquait point. Quant à la dame masquée, ses traits impénétrables ne révélaient pas ses impressions, mais elle marchait vivement par la chambre et prononçait à haute voix quelques exclamations incomplètes, cependant son émotion était incontestable, malgré ses efforts pour la dissimuler.

— Mademoiselle, ma chère enfant, répétait madame Legrand, vous exposez votre grand'mère, votre sœur, vous-même à la colère de Son Eminence. Que craignez-vous? que pouvez-vous craindre? retirez-vous, je resterai.

— Oh! non, non, disait-elle, je ne m'en irai point.

Béatrix se pencha vers elle et lui dit quelques mots tout bas.

— Croyez-vous? demanda-t-elle, en relevant la tête.

— Je vous en réponds.

— Ah! c'est bien alors! passez, madame.

Et elle ouvrit elle-même la porte que Béatrix soutenait.

— Je vous remercie, mademoiselle, mais soyez tranquille, j'aurai pour madame la marquise tous les égards qui lui sont dus.

Madame Legrand précédait l'envoyée de la cour, les deux enfants s'étaient enfuies vers l'autre issue, la marquise était assise près de son lit, où elle allait se mettre bientôt sans doute ; elle tenait en main un livre de prières, et son visage recueilli indiquait une pieuse préoccupation. Aussitôt que l'inconnue l'aperçut, elle s'arrêta et s'appuya près de la muraille, saisie de respect apparemment.

— Madame la marquise me pardonnera d'entrer chez elle de cette manière, dit madame Legrand, mais il est arrivé un ordre de Son Eminence pour madame la marquise.

— Un ordre du roi, insista la dame, en s'avançant.

— Un ordre du roi! répéta la marquise.

Et sans plus attendre elle se leva en pied.

— Qui apporte cet ordre, et que désire Sa Majesté de sa très-humble servante ?

— C'est à vous seule, madame, que je puis le dire.

— Laissez-nous, madame Legrand; et veillez à ce que les gens de madame soient traités comme il convient.

Madame Legrand sortit, après avoir avancé un siége à l'étrangère. Aussitôt qu'elle les eût quittées, la marquise commença la conversation par une question à laquelle la dame ne s'attendait pas sans doute.

— N'aurais-je point l'honneur de savoir à qui je m'adresse, madame? M. le cardinal emploie-t-il des envoyés masqués jusqu'aux dents lorsqu'il fait parler à la mère et à la femme des serviteurs du roi?

Sans répondre l'étrangère tendit à madame de Saulieu le parchemin dont elle était chargée, en lui montrant que le sceau n'avait point été détruit.

— Lisez, madame.

La marquise regarda soigneusement le cachet, coupa la soie et lut ce qui suit :

« Madame la marquise de Saulieu,
» je me souviens des services rendus par
» votre maison au feu roi et à ses prédé-
» cesseurs, je me souviens que votre fils a
» perdu la vie sur le champ de bataille,

» en défendant les droits du roi notre sire,
» Louis-le-Juste, aussi je ne veux point
» punir votre désobéissance à mes ordres
» comme je l'aurais fait pour toute autre
» personne. Vous avez donné asile en votre
» château à un rebelle nommé Jacques de
» Maulevrier, ou s'il n'y est point encore
» il va s'y rendre, assuré d'y trouver un
» refuge contre la justice du roi. Je vous
» fais cette lettre pour que vous ayez à me
» le livrer sur-le-champ, s'il est déjà à
» Saulieu, ou pour que vous ayez à le
» livrer s'il s'y présente plus tard. La per-
» sonne qui vous remettra ceci a toute
» ma confiance, elle vous dira tout ce
» que vous devez savoir, je désire que
» vous ne lui fassiez aucune question.
» Elle vous entretiendra aussi d'un autre
» sujet, pour lequel vous lui donnerez
» toutes les satisfactions qu'il vous sera

» possible, cela me sera fort agréable et
» aussi au roi notre Sire, qui s'y intéresse
» beaucoup. Sur ce, madame la marquise
» de Saulieu, j'espère vous trouver obéis-
» sante et je vous prie de me croire tout à
» vous.

» RICHELIEU. »

La lettre, écrite en entier de la main du cardinal, était par cela même, une haute faveur. Madame de Saulieu la relut deux fois.

— Madame, dit-elle ensuite, veuillez assurer Son Eminence de mes très-humbles services, et ajoutez qu'elle a été trompée de tous points. Jacques de Maulevrier ne saurait être un rebelle, c'est le plus loyal chevalier de toute la province.

— Le duc de Montmorency était l'homme noble par excellence, madame; cependant sa tête est tombée sous une accusation méritée de haute trahison. Jacques de Maulevrier était l'ami du maréchal de Montmorency, vous comprenez le reste.

— Je ne défends point ce que j'ignore, madame. La noblesse de France n'aime pas à être opprimée condamnée et peut-être y a-t-il une différence à faire entre la résistance au cardinal et celle aux ordres de Sa Majesté. Ce dont je suis sûre c'est que Jacques de Maulevrier n'a point forfait à l'honneur, ce dont je suis sûre c'est qu'il n'a point paru au château de Saulieu jusqu'à présent, enfin ce dont je suis plus sûre encore, c'est que s'il y était venu demander asile, si je l'avais accordé, s'il y venait plus tard, je ne le livrerais à personne, fût-ce au roi lui-même; dût ma tête de quatre-vingt-trois ans tomber comme celle du glorieux Montmorency dont vous avez tout à l'heure prononcé le nom.

— C'est votre dernier mot, madame la marquise ?

— Mon dernier mot et ma dernière résolution, madame, Catherine de Rochegude, marquise de Saulieu, rendra à ses petites-filles l'héritage de leurs pères tel qu'elle l'a reçu, le blason sans tache, la fortune sans perte ni dissipation.

— Vous ne pensez pas, madame, à la suite de cette superbe, M. le cardinal n'aime pas qu'on le refuse.

— Monsieur le cardinal ne peut exiger de moi ni ma honte, ni mon parjure. Je suis prête à mourir pour le roi, si le roi l'exige, mais jamais je ne consentirai à une lâcheté, le roi m'ordonna-t-il de la commettre.

— Madame, insista l'étrangère, très émue, prenez garde !

— Je ne crains rien, encore une fois. Le roi est le maître de ma vie, non de mon honneur.

— Je serai donc obligée de laisser ici garnison, madame la marquise.

— Le château de Saulieu appartient à Sa Majesté, puisqu'il est à la maison de mon fils ; on y recevra ses soldats comme déjà ces vieilles murailles ont abrité les soldats des rois, ses prédécesseurs, en amis et en alliés.

L'inconnue garda le silence quelques instants. Madame de Saulieu attendait, avec l'exquise politesse du temps, qu'elle ajoutât quelque chose, elle reprit :

— Voici la première partie de ma mission terminée, madame, je rendrai votre réponse à Son Eminence, puisque vous refusez de vous laisser fléchir, je souhaite que vous ne vous en repentiez pas. Il me reste maintenant à vous parler d'autre chose. C'est une entreprise délicate et pénible, j'en conviens, mais peut-être aussi votre cœur recevra-t-il quelque soulagement de ce que vous allez entendre. C'est toujours de la part de M. le cardinal, de la part du roi, et vous m'écoutez, n'est-ce pas ?

— Madame, c'est mon devoir...

— Eh ! bien... Eh ! bien... vous avez une fille...

La physionomie de la marquise changea subitement, elle était froide, hautaine, bien que résignée, elle devint triste, désespérée, outrée de douleur et de colère.

— Madame, interrompit-elle en se levant, pas une syllabe de plus, c'est assez.

— De la part du roi, madame !

— C'est un ordre de Sa Majesté ?

— Oui, madame !

Alors elle se rassit, mais les larmes tombèrent une à une sur ce visage vénérable, des larmes sortant du cœur, de ces larmes qui ressemblent à des gouttes de lave et qui creusent leur sillon partout où elles passent.

— Parlez donc alors, puisqu'il le faut.

— Vous avez une fille, madame, pardonnez-moi si je vous afflige, mais cela est nécessaire. Cette fille vous ne l'avez pas vue...

— Depuis vingt ans, madame, depuis le jour où elle a quitté la maison paternelle sans dire adieu à sa mère.

L'accent et le regard de la marquise

étaient sublimes de tendresse et de résignation. L'inconnue hésitait et sa voix était pleine d'une émotion mal déguisée. Elle eut besoin de reprendre un peu de courage pour continuer:

— Votre fille, madame de Saulieu..... vous a écrit plusieurs fois, madame la marquise, elle a tenté d'obtenir votre pardon, elle vous l'a demandé humblement agenouillée au seuil de votre porte, vous avez refusé de la recevoir.

— Je l'ai refusé.

— Et maintenant votre fille n'est plus jeune, votre fille a besoin de l'affection de sa mère, elle a besoin de son indulgence et de sa bénédiction, elle vous conjure de les lui accorder.

— Jamais...

— Le roi, Son Eminence le désirent...

— Je ne le veux pas.

— Elle a bien souffert !

— Elle ! elle a souffert, cette créature sans âme et sans entrailles qui a condamné ma vieillesse aux regrets, à l'abandon, qui a franchi sans sourciller le seuil de cette porte, où elle est revenue s'agenouiller plus tard, quand le besoin et l'inconstance l'ont isolée à son tour. Oh ! madame, je ne sais qui vous êtes, ce masque qui me cache vos traits ne me permet pas de deviner votre cœur, je ne sais si vous avez des enfants, mais certainement vous avez eu une mère, vous comprendrez peut-être alors ce que j'ai senti, ce que je sens encore en ce moment ; j'ai quatre-vingt-trois ans, bientôt Dieu me rappellera, et la main de ma fille ne fermera pas mes yeux, et mes petites orphelines ne seront point remises par moi entre les bras de leur tante. Comprenez-vous cela, madame, le comprenez-vous?

— Il dépend de vous qu'il en soit autrement, madame la marquise; d'un mot vous changez le sort de vos derniers jours, vous retournez en arrière de bien des années, vous retrouvez les joies d'autrefois, les souvenirs et même les espérances...

— Des espérances à mon âge !

— Oui, des espérances et Dieu les justifiera, si vous vous souvenez de ses commandements : pardonnez-moi mes offenses comme je pardonne à ceux qui m'ont offensé.

— Offensé! ma fille ! offensé, mon Dieu ! Depuis bien des années mes lèvres étaient fermées sur ce nom; puisqu'elles se rouvrent aujourd'hui, écoutez-moi, madame, ensuite vous n'oserez plus plaider la cause de celle qui vous envoie. Je ne suis pas un juge inexorable ; si madame de Saulieu, tel est son nom, m'avez-vous dit, si madame de Saulieu s'était laissée entraîner par une passion irrésistible, si madame de Saulieu coupable d'une faute, quelque grave qu'elle fût, en eût fait pénitence et fût venue vers moi pour implorer ma clémence maternelle, si je l'eusse sue malheureuse surtout, nul doute que je n'en eusse accordé le pardon, et qu'elle n'eût trouvé un refuge sur ce sein qui l'avait porté.

— Eh! bien, madame, cela n'est-il pas arrivé ainsi ?

— Non, madame, cela n'est point arrivé ainsi. Ma fille a suivi un misérable...

— Madame !...

— Un misérable, je le répète, ma fille m'a abandonnée, mais ce qui est affreux, ce qui est horrible, c'est que ce misérable, elle ne l'aimait point, c'est que moi, sa mère, elle ne m'aimait point; c'est que ma fille est une femme sans cœur, je vous l'ai dit, une ambitieuse, un miracle d'orgueil et que ses remords même ne sont peut-être que de la colère. Je la connais.

— Vous la méconnaissez au contraire. Elle vous aime, elle vous a toujours aimée, elle n'a point suivi un misérable. L'homme qui l'a entraînée mérite l'admiration de tous.

— Lui a-t-il donné son nom? demanda amèrement la marquise, alors pourquoi s'appelerait-elle madame de Saulieu?

L'inconnue fit un mouvement.

— Il ne pouvait pas lui donner son nom, un obstacle invincible les séparait.

— Il l'a donc délaissée?

— Vous oubliez, madame, qu'il m'est interdit de répondre à vos questions. Je veux bien vous dire pourtant que vous ignorez complétement l'histoire de cette union. L'homme que vous supposez n'est point celui qu'avait choisi votre fille, elle a l'âme trop haute pour cela, il ne m'est point permis, quant à présent, de vous apprendre la vérité, peut-être vous sera-t-elle révélée un jour, d'ici là suspendez votre jugement, n'accusez point sans preuves, n'accusez point votre enfant surtout, votre enfant, dont le vœu le plus cher est de se jeter à vos pieds.

Madame de Saulieu tomba dans une profonde rêverie, elle regardait fixement l'inconnue, elle examinait sa taille, ses cheveux, ses mains, jusqu'à sa toilette, et, à mesure qu'elle avançait dans cet examen, elle devenait pâle et tremblante.

— Qui êtes-vous donc, dit-elle lentement, qui êtes-vous donc, vous qui venez ici chargée des paroles d'une fille pour sa mère, et qui ne montrez pas votre visage? qui êtes-vous, je veux le savoir, j'en ai le droit.

Pour toute réponse l'étrangère lui désigna du doigt le passage de la lettre du cardinal où les questions lui étaient interdites.

— Je ne ferai point de questions sur le service du roi, s'écria la marquise, éclatant enfin de désespoir, mais j'en ferai sur ma fille et sur sa messagère, il n'est pas de puissance humaine qui puisse m'en empêcher. On ne m'effraye pas facilement, vous l'avez vu. Tout à l'heure j'offrais ma vie pour défendre mon hôte, je puis bien la risquer pour ma fille, toute coupable qu'elle soit, je suis mère après tout!

— J'attendais ce cri, madame, et je n'en demande pas plus aujourd'hui à votre ressentiment, je le porterai à celle qui m'envoie pour la consoler et lui donner un peu de patience, soyez bénie vous qui l'avez prononcé.

Madame de Saulieu écoutait à peine, elle continuait son examen, l'inconnue se sentit gênée par ce regard, elle se leva.

— Je prends congé de vous, madame, obligée que je suis de partir de suite. Je tâcherai d'obtenir que Son Eminence ne conserve point de rancune pour votre refus, je reviendrai, j'espère et vous me connaîtrez mieux alors.

— Je veux vous connaître sur-le-champ! s'écria-t-elle!

Et avec une force dont on ne l'aurait

pas jugée capable, elle se précipita vers l'inconnue et lui arracha son masque. A peine eut-elle aperçu ses traits qu'elle tomba évanouie de toute sa hauteur sur le carreau.

III

Les Bords de la Vive.

Le même soir, un peu avant le coucher du soleil, un jeune homme, vêtu d'une simple costume de clerc, marchait lentement sur la route de Poitiers à Vivonne. Il portait sur son épaule un bâton noueux au bout duquel une serviette, attachée les quatre bouts ensemble, contenait sans doute son bagage de campagne. Son chapeau, enfoncé sur ses yeux, cachait une partie de son visage, ce que l'on en pouvait entrevoir semblait soucieux et triste, il côtoyait les arbres de la forêt, la tête basse, et s'il rencontrait un voyageur, au lieu de répondre gaîment à son salut de bienveillance, il touchait à peine le bord de son feutre, sans prononcer une parole.

Il arriva vers sept heures à la petite ville et s'arrêta avant d'y entrer, pour examiner scrupuleusement son costume, ensuite il prit résolument la grande rue et alla tout droit vers un cabaret borgne, annoncé aux passants par un énorme bouchon de feuillage. Il jeta de la porte un regard scrutateur, enfin il se décida à y pénétrer, au risque d'être asphyxié par l'odeur nauséabondë qui s'en exhalait. Cette pièce était fort obscure, à peine éclairée par un lampion fumeux, il choisit pourtant le coin le plus obscur encore, s'assit devant une table boiteuse et paya une chopine de vin. Aussitôt qu'on l'eut servi, il devint le point de mire de tous les buveurs et chacun se demanda quel était ce jeune cadet, si retiré, si triste, si caché dans ce coin noir. Il n'eut pas l'air de voir cette préoccupation et continua tranquillement, en apparence du moins, cette réfection solitaire.

Il était assis depuis une demi-heure environ, lorsqu'un autre homme, presque aussi jeune que lui, plus simplement vêtu encore, entra dans l'auberge. Il s'arrêta aussi au bord de la porte, regarda dans l'intérieur, et dès qu'il eut aperçu le premier voyageur, il marcha droit vers lui.

Celui-ci se leva, et tendit la main.

— Donne, dit-il.

— Je n'ai rien, répondit l'autre, elle est absente.

— Absente, mon Dieu ! comment faire alors ?

— M'envoyer à celle qui vous attend, qui vous désire, vous êtes certain de la trouver prête et de n'être point refusé.

— Partie ! partie ! ne sais-tu où elle est allée ? demanda-t-il, sans répondre à son compagnon.

— Nul ne le sait au château, elle n'a emmené que deux de ses femmes et un laquais.

— Le jeune homme mit ses coudes sur la table et cacha son visage.

— Ne vous laissez point abattre, monsieur, que ferions-nous, je vous le demande ? de la résolution ; au contraire, et de la patience, c'est la seule manière de nous en tirer. Ecrivez un mot, donnez-le moi, je cours où vous savez, et je reviens de même. Allons ! hâtons-nous.

Le jeune homme ôta ses doigts et regarda fixement celui qui parlait.

— Mais c'est une mauvaise action que tu me proposes là. Tu veux que je lui offre de partager mon sort, que je la jette dans ce gouffre où je vais tomber moi-même, je ne le ferai point.

— Ecoutez-donc et vous verrez.

Leurs têtes se rapprochèrent et ils se parlèrent bas pendant plus d'un quart-d'heure, le clerc céda enfin aux observations de son confident, il sortit de sa poche un encrier, une feuille de papier, et écrivit quelques mots très vite, l'autre jeune homme se hâta de les prendre et quitta la maison.

Cependant une conversation animée avait lieu entre les buveurs. On commençait à se renvoyer les épithètes de maraud, de bélître, et tout le vocabulaire du temps, changé maintenant comme les mœurs. Il s'agissait du duc de Mortemart, annoncé depuis quelques semaines à Vivonne, et qui n'y avait point encore paru.

— Et moi je te dis que monseigneur arrive ce soir, on a ouvert toutes les fenêtres du château.

— Monseigneur ne viendra point.

— Je gage que si !

— Je gage que non !

— Tiens, entends-tu ce bruit dans la rue? le voilà lui-même, cela t'apprendra à me contrarier.

Tous se levèrent et coururent à la porte. En effet un cortége passait, éclairé par les torches. Une litière entourée de gardes, de hoquetons, de pages; les rideaux baissés ne permettaient point de distinguer par qui elle était occupée, mais ce devait être une personne de grande qualité à en juger par le train qu'elle menait sur le chemin du roi. Quand la dernière lumière eut disparu, les ivrognes rentrèrent au cabaret, reprirent leurs places et leurs discours.

— Ce n'est point M. le duc, ce ne sont point ses livrées, je les connais bien apparemment.

— Non, ce n'est point M. le duc, dit le maître d'école, le plus savant de la compagnie, mais je sais bien qui c'est, moi, je l'ai reconnu, et vous ne vous en doutez guère. Aussi vous n'avez pas été à la cour !

— Oui, comme toi pour y compter le linge sale de la cuisine, voilà ce qui te rend si fier.

— Insolent !

— C'est égal, va toujours. Qui donc se trouve dans cette litière ?

— J'ai reconnu les hoquetons, ne faites pas semblant de rien, entendez-vous? ce n'est ni plus, ni moins, que Son Eminence monseigneur le cardinal de Richelieu, ou quelqu'un de sa maison du moins.

— Miséricorde ! et que viendrait-il faire ici ?

Au nom de Richelieu le jeune homme avait vivement levé la tête, il fit même un mouvement pour parler, il se contint. Les paysans et le maître d'école continuèrent leur conversation, jusqu'à ce qu'un nouveau tapage les amena encore à la porte, pour satisfaire leur curiosité. Plusieurs cavaliers marchaient en avant, d'autres les suivaient, c'était encore quelque grand seigneur en voyage. Un des hommes de la troupe se détacha, et s'approchant du groupe amoncelé devant l'auberge, il demanda un verre de vin.

— Je vous le donnerai volontiers, et pour rien, répondit l'hôte, si vous voulez me dire à quel seigneur vous appartenez.

— Nous n'en faisons point mystère : je suis à M. le marquis de Fouquerolles, qui se rend au château de Saulieu, ainsi que son frère, M. le comte d'Cston, pour leurs mariages avec les petites-filles de madame la marquise, leur grand'tante.

— Mon Dieu ! murmura le jeune homme, encore cela. Mais l'enfer est donc déchaîné contre moi.

Il écouta la suite de la conversation, il recueillait avidement les paroles de cet homme et les observations qui les suivaient. Lorsque le cortége fut passé, il revint à son banc et se laissa tomber la tête et les bras sur la table, dans l'attitude de la désolation ou du sommeil.

— Je suis perdu! pensa-t-il. Encore si Gournay revenait, je saurais la vérité toute entière.

Gournay tarda une heure encore! Le moment vint de fermer le cabaret, on pria le jeune homme de se retirer, et d'une façon assez peu courtoise. On lui ferma la porte au nez, on le poussa dans la rue, il fut forcé d'attendre tout en maugréant, enfin Gournay parut au bout du chemin, il courut à lui.

— Eh bien! eh bien! dit-il, pourquoi as-tu tant tardé?

— J'ai voulu tout voir, tout savoir pour tout dire. Votre lettre est remise, mais la jeune demoiselle m'a cherché partout pour vous conjurer de tarder quelque temps avant de vous présenter. Il y a au château une envoyée du Cardinal; elle est venue pour vous chercher, elle a eu une scène avec madame la marquise, à la suite de laquelle celle-ci s'est évanouie. Elle est fort malade, on ne sait ce qui arrivera. La dame étrangère demeure à Saulieu, et tout cela cache un mystère impénétrable jusqu'ici. Sur ces entrefaites sont débarqués les beaux fiancés...

— Je sais, je sais; ensuite?

— Ensuite voilà ce qui a été convenu avec la vieille Radégonde... Nous allons aller au bord de la Vive, à un endroit qu'elle m'a indiqué. Là nous trouverons une barque, dont les avirons seront enveloppés de linges, afin de ne pas faire de bruit; elle prépare tout en ce moment, malgré l'embarras que donne au château l'état de madame de Saulieu. Nous monterons dans la barque, nous nous rendrons au pied de la muraille, où l'ombre des arbres empêchera de nous apercevoir, en nous tenant cachés au fond du bateau, et là nous attendrons qu'on puisse nous ouvrir la petite porte du fossé, celle où passent les pêcheurs le vendredi matin, vous vous le rappelez.

— Parfaitement.

— Allons donc doucement vers la rivière, on ne nous introduira pas avant deux ou trois heures du matin.

— Gournay, je suis bien malheureux !

— Hélas ! monsieur, qui le sait mieux que moi ? Il n'en faut pas moins aller jusqu'au bout; tout essayer, tout tenter; si nous ne réussissons pas, au moins n'y aura-t-il pas de notre faute. Du courage ! Marchons !

— Et Isabelle ?

— Mademoiselle de Saulieu vous aime,

elle ne consentira point à se séparer de vous !

— Et si on la force ?

— On ne le pourra pas. D'ailleurs, nous en serions prévenus, et nous agirions en conséquence.

— Tu veux me rendre le courage que je n'ai plus, mon pauvre Gournay. Ah! sans elle je ne défendrais point ma vie, j'irais la livrer sur le champ. Qu'est-ce que j'en pourrai faire, avec une carrière brisée, une fortune perdue ?

— Et madame votre mère ?

— Tu vois, Gournay, quel est l'état de mon cœur, ma bonne mère, que j'aime tant, je n'y pensais pas.

Ils avaient quitté la petite ville et suivaient un sentier fleuri, au bord duquel un petit ruisseau serpentait en murmurant. La lune s'était levée, elle éclairait de sa lueur mélancolique tout ce paysage tranquille. Le silence régnait partout : de temps en temps seulement l'aboiement d'un chien, ou le cri d'un oiseau de nuit, interrompaient le calme de la nature, et Jacques de Maulevrier, que depuis longtemps sans doute on a reconnu, se laissait aller involontairement à la rêverie. Il oubliait ses peines pour ne songer qu'à son amour. Il se rappelait combien de fois il avait parcouru avec Isabelle cette route parfumée, sa mémoire lui présentait jusqu'aux moindres détails; il écoutait encore ces longues causeries, répétées en se promenant, les bras enlacés. Maintenant il était seul, il était proscrit, sa bien aimée allait peut-être appartenir à un autre, si elle n'avait pas le courage de résister. Quel serait son avenir ? Dieu seul le savait, hélas ! Gournay respecta ses réflexions, il marchait à côté de lui, en serviteur fidèle, il songeait à la petite maison de ses parents, qu'il allait quitter pour son maître. L'idée ne lui venait pas de l'abandonner en cette circonstance douloureuse; son dévoûment allait jusqu'à la mort.

Depuis un instant ils apercevaient à travers les feuilles une petite lumière immobile, à un endroit où jamais ils n'avaient connu de chaumière. Ils s'arrêtèrent spontanément et se consultèrent avant d'aller plus loin. C'était peut-être un piége, peut-être un ennemi inconnu.

— J'irai voir avec précaution, dit Gournay, n'allons pas tomber dans une souricière.

— Ce sont peut-être les gens de Radégonde qui préparent le bateau.

— Ils ne prendraient pas de lumière, ce n'est pas cela.

— Alors ce sont des pêcheurs d'écrevisses.

— Je vous en instruirai tout à l'heure, ne quittez pas cette place, monsieur, cachez-vous derrière ces broussailles, et ne répondez qu'à ma voix.

Le domestique partit, après avoir ôté ses chaussures pour faire le moins de bruit possible. Il avança à pas de loup; tant qu'il fut sous le couvert des arbres, il ne redoutait pas grand'chose, mais le bosquet finissait brusquement, et au milieu d'une assez vaste clairière se trouvait un joli bâtiment tout neuf, une sorte de cabane ornée, couverte en chaume comme celles des paysans, mais entourée de fleurs, de mousse et de végétation de toute espèce. La maison n'avait qu'un rez-de-chaussée, des fenêtres à carreaux assez larges pour l'époque; l'une d'elles était seule éclairée et répandait au loin la lumière qui les avait frappé. A peine Gournay eut-il mis le pied sur le gazon de la clairière, qu'un chien de moyenne taille, noir de la tête à la queue, sortit de la maison et s'élança vers lui, en aboyant. Il tâcha de retourner en arrière, mais le chien le suivit, en aboyant toujours, et presque en même temps une vieille femme se montra à la porte de la chaumière.

— Ne craignez rien, si vous n'avez que des desseins paisibles, avancez sans trembler, s'écria-t-elle, Asmodée ne vous fera point de mal.

Gournay hésitait, pourtant le chien continuait ses cris et commençait à lui faire sentir ses dents au talon.

— Avancez franchement, ne vous cachez pas, vous dis-je, reprit la vieille femme, autrement vous aurez de la peine à vous en débarrasser.

— Que le diable emporte la satanée vieille et son roquet, murmura le valet, n'importe, payons d'audace, et voyons un peu ce qui se passe dans cette maison-là.

Suivant donc le conseil qui lui était donné il marcha hardiment vers la chaumière, et en effet, selon ce qu'elle lui avait annoncé, le chien se tut comme par enchantement, se contentant de suivre pas à pas l'étranger, dont les intentions lui paraissaient moins suspectes, puisqu'il ne se cachait plus. La femme qui avait parlé attendait sur le seuil de la porte, et à mesure qu'il s'approchait d'elle son aspect étonnait de plus en plus le fidèle serviteur; elle lui fit signe de venir tout à fait auprès d'elle. Lorsqu'il fut dans le cercle lumineux, dont la maison était entourée de ce côté, la vieille femme, qui le voyait alors parfaitement, dit:

— C'est bien cela, c'est justement cela que j'attendais ; entrez, jeune homme, et remerciez le hasard qui vous amène près de moi en cet instant.

Gournay était brave, même un peu aventureux, on l'a vu ; il était surtout profondément dévoué à son maître. Il flairait un danger, et il voulait l'essuyer d'avance, afin de n'y point exposer celui pour lequel il eût donné sa vie sans hésiter.

— Je bénirai le hasard ou la providence, bonne mère, répondit-il, selon que votre accueil servira mes projets.

— Tu as donc des projets ?

— Qui n'en a pas dans ce monde ? Vous-même, ne formez-vous pas en ce moment celui de me tromper ?

— Je te pardonne, tu ne sais à qui tu parles. Hâte-toi d'entrer, l'heure est favorable, plus tard elle ne le serait point, je le crains, hâte-toi.

Elle s'effaça pour livrer passage à Gournay, qui fut ainsi obligé de la toucher presque. En jetant les yeux sur elle, il resta frappé d'étonnement et faillit reculer en arrière.

— N'aies donc pas peur, enfant, et vas où ton destin t'appelle.

— Peur ! je n'ai point peur des hommes, mais j'ai peur des mauvais esprits, et tu ne portes point là un accoutrement chrétien. Ah! mon Dieu! ajouta-t-il, lorsqu'il fut entré dans la maison, qu'est-ce que tout ceci?

Le lieu où il se trouvait était bien propre en effet à causer une surprise réelle, jamais cabinet d'histoire naturelle et de chiromancie ne porta un aspect plus saisissant. C'était une grande pièce lambrissée de chêne, avec le plafond pareil : le sol était en marbre noir luisant, couvert au milieu d'un tapis de laine noire brochée de rouge. Des animaux empaillés, suspendus à des cordes mobiles, s'entrechoquaient au moindre vent et produisaient un bruit sinistre et indéfinissable. Des hiboux, des chats-huants, voire même un grand duc, se trouvaient placés sur un perchoir, avec une chaîne à la patte sur de petites consoles attachées à la muraille. Tout cela roulait des yeux effroyables, se disputait souvent une proie, et criait à qui mieux mieux.

Ce n'était pas tout : des chats noirs de toutes les tailles, vieux et jeunes, grands et petits, se promenaient, dormaient, ou jouaient les uns avec les autres, pendant que le balancier d'une pendule immense augmentait par son mouvement monotone et uniforme la mélancolie involontaire qui pénétrait l'âme dans cette mystérieuse demeure. Des fioles de verre et de faïence, aux mille couleurs, des alambics, des instruments inconnus, des tableaux inexplicables, une immense table encombrée de livres et de grimoires, complétaient l'ameublement.

Quant à la maîtresse elle-même, son costume était aussi extraordinaire que le reste. Elle portait une longue robe à queue, composée de mille plis. L'étoffe, d'un rouge de sang, était fine et forte en même temps; son bonnet, semblable à la couronne ducale de Venise, était de la même couleur que sa robe; ses cheveux, entièrement blancs, tombaient en nattes tout autour de sa tête, et, par une idée singulière, un bouquet de roses, les plus fraîches et les plus éclatantes, embaumait à son côté. Elle avait dû être belle, ses traits indiquaient positivement une origine étrangère et méridionale. Ses yeux brillaient comme deux étoiles, et ses dents, qu'elle montrait avec affectation, étaient aussi blanches, aussi bien rangées qu'à vingt ans. Sa taille élevée et admirablement prise, avait quelque chose de majestueux, elle marchait comme une reine.

Lorsque Gournay eut bien examiné tout cela, il regarda un peu en arrière et se repentit intérieurement d'être venu. En suivant le bord de la Vive, ainsi qu'il lui avait été recommandé, il eût évité cette maudite maison, où Satan tenait ses assises, et ni lui, ni son maître, n'auraient couru le moindre danger.

— Assieds-toi là et lève les yeux, dit-elle, il faut que j'y puisse lire à mon aise.

— Dans mes yeux! et pourquoi faire?

— Tu es bien curieux, mon garçon. Ah!

oui, c'est toi et ce n'est pas toi, ajouta-t-elle en écartant ses cheveux ; ton maître est dans les environs, va le chercher. C'est à lui que je dois tout dire.

— Mon maître ! Je n'ai point de maître.

— Allons donc ! reprit-elle, en haussant les épaules, tu n'as point de maître ! Tu en as si bien un que le voici.

En effet, M. de Maulevrier était debout à l'entrée de la porte.

IV

Le Neuf de Pique.

Gournay se leva vivement et se plaça entre Jacques et la vieille, la main sur son poignard, caché dans sa ceinture, et prêt à la défendre envers et contre tous.

— Que diable fais-tu là? demanda le jeune homme.

— Demandez à madame, monsieur le C..., c'est à dire demandes à madame, mon ami. J'ai l'esprit si troublé que je ne sais, en vérité, plus la signification de mes paroles. Elle peut mieux que personne te renseigner sur ce qui se passe ici.

— Il se passe que tu extravagues et que tu fais des contes de la Mère l'Oie, jeune homme. Ce seigneur est ton maître, vous vous cachez tous les deux; mais, si vous n'y prenez garde, vous allez vous perdre ensemble. Il suffit de vous éclairer sur le danger pour que vous l'évitiez, si vous êtes des hommes raisonnables.

— Oh! oh! pensa Jacques, n'est-ce point là un espion du Cardinal? Tenons-nous ferme et jouons serré.

Il se mit à rire tout haut avec un air de

franchise et de bonne humeur à dérouter les soupçons les plus rebelles.

— Ah! mon Dieu! poursuivit-il, vous êtes bien savante, madame, et ce que vous dites là est la pure vérité, excepté que je ne suis point un seigneur. Il est, en effet, mon valet; et je me cache, afin d'éviter cette maudite soutane, à laquelle on me condamne, quand j'aurai fini mes études, je n'en veux absolument pas entendre parler. Nous arrivons de Poitiers tout d'une haleine, je crois bien qu'on nous poursuit, et si vous pouvez nous aider à éviter la férule de mes parents, je vous en récompenserai bien.

— Ah! ah! fit la vieille, rêveuse, en portant sur le comte un regard scrutateur, nous allons voir cela de plus près. Asseyez-vous là.

— En face de vous?

— Oui, absolument en face.

— Très volontiers. Mais, je vous en prie, dites-moi à quoi vous servent cette foule d'animaux qui assourdiraient un mort. Comment voulez-vous qu'on s'entende au milieu de tout cela?

— Nous nous entendrons parfaitement tout à l'heure, et vous oublierez les animaux, un peu de patience. Ces animaux, ce sont mes amis, mes confidents, depuis que j'ai renoncé à l'espèce humaine, et que je la couvre de mon mépris.

— Bien obligé!

— Oh! vous penserez comme moi plus tard, quand vous serez détrompé des folies du cœur, des rêves de l'ambition, de la croyance en vos semblables; quand vous aurez assez souffert pour ne plus sentir vos douleurs, ni vos joies, vous me comprendrez, et vous vous souviendrez de moi.

M. de Maulevrier se sentit intéressé mal-

gré lui par l'accent profond de cette femme.
Elle disait vrai, certainement; sa physionomie présentait en ce moment une analogie complète avec ses paroles. Elle arrangeait avec distraction des tarots sur sa grande table, Gournay, moins facile à impressionner que son maître, le tirait incessamment par sa manche, en lui répétant :

— L'heure passe, monsieur, voici bientôt le moment, partons.

Un charme indéfinissable, une curiosité ardente, retenaient le comte à sa place. Il eût voulu percer le mystère de cette créature étrange, et il s'humiliait, malgré lui, devant sa puissance.

— Que voulez-vous de moi ? demanda-t-il, voyant qu'elle se taisait.

— Je veux que vous sachiez ce qui vous menace et que vous suiviez mes conseils. J'ai en vain parlé à votre père autrefois, il ne m'a pas écoutée, vous savez quelle mort fut la sienne.

— Vous avez connu mon père!

— Je vous ai vu naître, je vous ai tenu sur mes genoux et bercé bien des fois; vous ne vous souvenez plus de moi, je ne reste dans vos souvenirs que comme un rêve! nous nous retrouvons aujourd'hui, nous nous retrouverons plus tard, tout cela est écrit.

— Je ne me rappelle point vous avoir jamais vue.

— Ingrat! quoi, vous ne vous rappelez pas une belle fée, toute blanche, qui vous apportait des fleurs, qui se penchait la nuit sur votre berceau, qui vous menait jouer le matin au bord de la Vonne, et qui vous cueillait les plus belles cerises, les plus beaux raisins? Vous ne vous rappelez pas les contes dorés qui vous endormaient, pendant que vous vous rouliez à mes pieds sur la mousse? Oh!

je n'ai rien oublié, moi! Je vous ai cherché souvent depuis, sans oser me montrer à vous. J'ai attendu avec patience, je savais que le jour viendrait et il est venu!

Jacques cherchait jusqu'au fond de sa mémoire, il y retrouvait une idée confuse, une forme vague, indécise, se rapportant à ce que lui disait la pythonisse. Cependant il ne le lui avoua pas, il pouvait se tromper; cette femme pouvait être devenue ennemie, elle était peut-être envoyée pour le perdre, ou peut-être lui racontait-elle une fable au hasard, pour l'éprouver, pour obtenir de lui ce qu'il ne disait pas. Voyant qu'il se taisait, elle reprit :

— Vous ne vous souvenez plus de Ryna?

— Ryna! oh! je m'en souviens!

Ces mots lui échappèrent, il eût voulu les reprendre.

— Vous vous souvenez de Ryna, Jacques!

Eh bien, Ryna c'est moi, Ryna, la belle fille, est devenue en si peu d'années la vieille femme décrépite que vous voyez. Croyez-vous que j'aie souffert ?

— Ryna ! reprit-il, combien de fois ce nom a frappé mon oreille, et dans mon enfance et depuis que je suis homme. Ryna ! combien ma pauvre mère l'a pleurée, cette Ryna qu'elle aimait tant ! Elle la croit morte, et Ryna est morte. Ryna aurait plus de quarante ans de moins que vous, Ryna serait jeune encore. Vous me trompez, vous n'êtes point Ryna.

— Je m'y attendais, reprit la solitaire avec mélancolie, j'en étais sûre, et voilà pourquoi je ne me suis point révélée plus tôt. Qui pourrait reconnaître Ryna sous ce visage, sous ces cheveux blancs ? Qui ne me dénierait pas mon origine en entrant dans cette maison ? La mère qui m'a mise au monde, la vôtre qui m'a vue élever près d'elle, ne me reconnaîtraient pas plus l'une que l'autre, je le sais, je le sais bien, je ne m'en étonne pas.

M. de Maulevrier écoutait avec surprise cette femme extraordinaire; il cherchait à lui appliquer les récits qu'il avait entendu faire tant de fois dans sa famille, et ne retrouvait pas une trace de cette beauté, de cette pureté, de cette douceur tant vantée.

— Non, non, dit-il, ce n'est pas elle! ce ne peut pas être elle! Partons, Gournay, l'heure est proche.

— Gournay! tu es un Gournay, toi? Au fait, j'aurais dû te reconnaître, tu ressembles à ton oncle le manchot et un peu aussi à ta mère Pierrette la chanteuse. C'était une jolie fille que Pierrette la chanteuse! Nous avons souvent cueilli ensemble des noisettes là-bas, du côté de la grande futaie; a-t-elle encore la cicatrice qu'elle s'est faite en montant aux arbres, pour dénicher les merles ?

— Jésus! monsieur, elle connaît ma mère comme moi-même. Ce pourrait bien être mademoiselle Ryna de M...

— Ne prononce pas le nom de mes pères ici, enfant, ou ce toit s'écroulerait sur notre tête.

Une terreur véritable agitait ses traits, en prononçant ces mots; elle regardait tout autour d'elle, comme si un ennemi invisible eût dû veiller sur ses paroles et la punir d'une infraction à ses ordres. Les deux jeunes gens se sentirent frissonner, l'émotion de cet être singulier, vraie ou fausse, les gagnait peu à peu, le charme magnétique opérait sur leurs vives imaginations.

— Vous voyez ce que dit Gournay, reprit-elle, lorsqu'elle fut un peu remise, et si, pour vous convaincre, vous voulez d'autres preuves, ne craignez pas de m'en demander. Il me faut votre confiance, il me la faut tout entière. Vous êtes dans une position dangereuse, plus dangereuse que vous ne le supposez même, je veux vous en retirer, je veux que vous soyez heureux à l'avenir, si toutefois vous pouvez l'être; c'est ce que nous verrons tout à l'heure; coupez ces cartes, et n'ayez ni craintes, ni distractions.

Il obéit machinalement. Elle tira les tarots les uns après les autres, les plaça dans un certain ordre sur la table, en prononçant des paroles inconnues et en comptant des nombres fabuleux. Aussitôt qu'elle y eut mis la main, trois gros chats, les ancêtres des autres, dont les prunelles de feu étincelaient dans leur robe noire, accoururent de différents côtés et se placèrent en triangle autour du jeu. Les hibous redoublèrent leur tapage, il y eut quelque chose de saisissant et de bizarre dans toute cette préparation.

— Ah! dit-elle enfin tout haut, mon pauvre Jacques, vous êtes amoureux.

Il y a toujours un amour quelconque dans la destinée d'un homme de vingt-cinq ans.

— Vous êtes aimé autant que vous aimez vous-même. C'est une belle jeune fille, destinée à bien des larmes. Elle a l'âme d'une vierge et le cœur d'un héros. En ce moment la mort plane sur sa maison, et cette mort change toute sa destinée. Armez-vous de courage, pauvre amant, elle va se marier.

Jacques bondit comme un faon blessé.

— Cela n'est pas, cela ne peut pas être, Isabelle ne brisera pas nos serments; c'est une noble fille, elle n'appartiendra qu'à moi.

— Elle appartiendra à un autre avant que

trois jours se soient écoulés, et vous ne devrez ni l'accuser, ni la haïr. Je dis plus, vous-même y consentirez.

— Moi! je suis très tranquille alors, cela ne sera point, car je n'y consentirai jamais!

— Malheur! malheur! vous avez beaucoup à souffrir aussi, vous. Voyez-vous cette carte fatale, ce neuf de pique placé là, près de votre étoile? Tant qu'il ne la quittera point, ne comptez sur rien en ce monde. Vous allez courir risque de la vie, et vous échapperez néanmoins, vous irez à l'étranger, vous avez quelque chose d'extraordinaire dans votre avenir, on vous croira... Mais, qu'est-ce que je vois, mon Dieu! interrompit-elle tout à coup, en devenant pâle comme un linge. Quelle est cette femme, première cause de tous vos maux. Ah! cette femme je la connais, je la connais, je la sens, je la vois, c'est elle! Maudite! maudite! maudite!

Sa voix s'élevait à mesure que son exaltation augmentait, ses yeux semblaient prêts à sortir de leurs orbites, ses mains tremblaient, ses lèvres devenaient violettes, ses dents claquaient, elle était effrayante.

— Elle encore, mon Dieu! toujours elle! Quoi! je la retrouverai donc toujours. Ah! elle n'est pas loin d'ici, c'est elle qui a porté la mort dans la maison de votre bien aimée, c'est elle qui vous poursuit, comte, prenez garde! prenez garde!

Un des chats poussa un miaulement plaintif, qui fit frémir les deux auditeurs jusque dans la moelle des os.

— Écoutez, Jacques, reprit-elle très vîte, vous allez bientôt voir celle qui vous est chère, vous allez être sauvé par elle, croyez-vous, c'est une erreur. Vous courrez près

d'elle un danger immense, vous allez vous-
même chercher ce que vous devez fuir. Prenez ce talisman, et attachez-le sur votre poitrine. Vous ne pourrez périr, tant que vous
le conserverez, ni par le fer, ni par le feu, ni
par l'air, ni par l'eau. Lorsque vous vous
trouverez en péril, placez votre main droite
sous ce sachet, prononcez trois fois le nom
de Ryna, comptez jusqu'à neuf, et, quelque
chose qui arrive, vous ne succomberez point.
Trois fois cette amulette vous sauvera la vie,
vous ne m'oublierez plus alors.

— Que contient ce petit sac? N'est-ce pas
quelque pratique du diable, à laquelle un
chrétien ne doit point céder?

— Ce sac, vous le voyez, ne contient qu'une
chose, un neuf de pique, ni plus, ni moins.
Ce n'est pas ma main qui vous conduira dans
la mauvaise route, fils de Catherine mon aimée, ne me redoutez pas.

L'imagination de M. de Maulevrier se frappait de plus en plus; il prit le talisman lorsqu'elle l'eut refermé, et le suspendit sur sa poitrine, avec un ruban qu'elle lui donna également.

— Ne le quittez ni jour, ni nuit, entendez-vous? car le péril vous viendra souvent inattendu. Qu'il vous garde et qu'il vous préserve, comme il a déjà gardé une vie, la plus précieuse de toutes.

— Monsieur, monsieur, disait Gournay impatient, l'heure avance, partons, partons vîte, nous manquerons le rendez-vous.

Quant à M. de Maulevrier, complètement sous le charme, il ne pouvait s'arracher à ce dangereux besoin de connaître l'avenir, qui nous domine tous et qui nous entraîne souvent jusqu'à la déraison.

— M'aime-t-elle? demanda-t-il.

— Elle vous aime, et elle est digne d'être aimée.

— Cependant elle va, dites-vous, en épouser un autre ?

— Oui, et malgré cela elle restera la plus noble, la plus fidèle des créatures, et vous l'admirerez et vous l'adorerez. Mais pourquoi me faire répéter tout cela ? Oh ! je demande pourquoi comme si je ne savais pas qu'il est des choses qu'on ne répète et qu'on n'entend jamais assez. Partez maintenant, allez où l'amour vous offre un asile; cachez-vous bien, la trahison et le danger sont au milieu de vous. Je veillerai sur votre vie, ces cartes viennent de me révéler ce que j'étais loin de soupçonner. Hélas ! mon avenir comme le vôtre est à Saulieu.

— Votre avenir ! s'écria le jeune homme.

— Oui, mon avenir. Vous êtes étonné, n'est-ce pas ? qu'une femme de mon apparence parle de son avenir. C'est que mon avenir est vaste, à moi, mon avenir c'est mon passé, ce sont les conséquences, c'est la vengeance de ce passé terrible, si long et si lentement écoulé. Oh! la vengeance! la vengeance!

— Madame, reprit Jacques en se levant le bon Dieu nous fait dire dans sa prière : *Pardonnez-nous nos offenses comme nous pardonnons à ceux qui nous ont offensés.* Vous ne voulez donc pas qu'il vous pardonne.

Après ces paroles il croisa son manteau sur sa poitrine et marcha vers la porte.

— Un instant, mon fils, un instant encore. Vous verrez bientôt votre mère.

— Ma mère! murmura-t-il, là haut peut-être!

—Non, bientôt, ici-bas, sur la terre; donnez-moi votre parole de gentilhomme que vous ne lui révélerez pas mon existence avant que je vous en aie accordé la permission.

— Pourquoi vous cacher de ma mère, si vous êtes véritablement Ryna? Ma mère, qui vous aimait tant, ma mère, qui chaque jour de sa vie prie Dieu pour Ryna, en récite la parabole de l'Enfant prodigue. Non, si vous êtes Ryna, vous ne pouvez vous cacher de ma mère, c'est impossible, ou vous n'êtes pas Ryna.

— Appelez mon cœur, Jacques, appelez-le, lui qui depuis tant d'années a cessé de battre, il restera sourd, excepté pour votre mère, excepté pour vous, mais je ne puis voir votre mère, je ne puis consentir à me révéler à votre mère, car le fait seul de mon existence lui apprendrait un secret qu'elle doit ignorer toute sa vie peut-être, toute la mienne au moins. Si la comtesse soupçonnait la vérité, elle la devinerait tout entière, alors, entendez-vous bien, Jacques. Alors le même danger qui vous entoure vous-même l'entourerait aussi. Moins jeune, moins forte que vous, elle y succomberait, elle y succomberait innocente, et ce crime-là passerait tous les autres. Adieu, ne m'interrogez plus, car je ne vous répondrai pas un mot. L'heure est passée.

Elle ferma les cartes en même temps, en même temps aussi les trois chats descendirent, les hibous se tranquillisèrent, tout rentra dans l'ordre accoutumé, comme si un coup de baguette eût arrêté toutes ces machines à la fois.

M. de Maulevrier et Gournay se retirèrent, suivis en silence par Ryna, portant à la main une lampe antique, et semblant un bas-relief d'Herculanum descendu de la muraille. La perfection de ses formes, la beauté de ses traits, flétris avant le temps, mais beaux encore, mais réguliers et admirables, rendaient l'illusion complète. Elle resta debout à la porte pour les éclairer, tant qu'elle put les voir.

— La mort te suit, Jacques, dit-elle, dès qu'elle l'eut perdu de vue, prends garde qu'elle parvienne à te dépasser!

V

La Fin d'un Jour pur.

Cependant le château de Saulieu était dans le désordre et l'agitation la plus complète. L'évanouissement de la marquise appela sur le champ les deux jeunes filles cachées dans un cabinet de la tourelle, d'où elles avaient tout entendu grâce à la présence d'esprit de Béatrix, qui s'était rappelée cette issue. En un clain d'œil tout le monde fut sur pied aux cris qu'elles poussèrent; l'inconnue eût pu s'échapper, dans ce bouleversement général, sans que personne lui en demandât compte. Elle remit son masque, presque aussitôt après qu'on le lui eût arraché, et s'appuya debout sur le dossier d'un fauteuil, immobile et silencieuse; elle ne donna pas de soins à la malade, elle ne dirigea même pas ceux qui lui furent prodigués. Elle semblait attendre, non pas insensible, au contraire le mouvement de sa poitrine révélait une vive émotion, mais paisible, et lorsque madame de Saulieu fut couchée dans son lit, elle s'approcha de la ruelle, et prit sa main pendante en dehors de la couverture. On la remarqua alors.

— Madame, dit vivement Isabelle, c'est vous qui avez mis ma grand'mère dans cet état, vous ne resterez pas auprès d'elle, si elle reprend sa connaissance et qu'elle vous aperçoive, elle y retomberait encore; veuillez vous retirer, je vous prie, vous êtes entrée ici malgré moi, sortez-en de votre plein gré, si vous ne voulez pas que je vous rende la pareille.

L'inconnue n'entendit pas, ou du moins elle n'en fit pas semblant, elle resta debout, à la place où elle se trouvait, comme abîmée dans des réflexions douloureuses. Madame de Saulieu, étendue, sans pouls, sans mouvement, sans chaleur, allait rendre le dernier soupir. Le chapelain, tous les domestiques, les deux jeunes filles entouraient son lit; un des gens était monté à cheval, pour chercher un médecin à Vivonne; la consternation régnait partout.

Isabelle seule conservait la fermeté de son caractère; cependant de tous c'était la plus éprouvée. La présence de cette femme, dont la mission lui était connue, lui soulevait le cœur, elle voulait l'éloigner à tout prix. Son audace la frappait et l'offensait en même temps, elle revint à la charge et la somma impérieusement de sortir. La présence des domestiques lui imposa cette fois, il fallut répondre :

— Mademoiselle, dit-elle, je suis ici pour remplir un devoir, et je ne quitterai point le château que ce devoir ne soit rempli. Avant toutes choses les ordres du roi.

— Ah! oui, dit amèrement Isabelle, je me souviens, vous avez un prisonnier à réclamer! Le lit de souffrance de madame de Saulieu ne vous est pas suspect, je pense, reculez-vous donc et ôtez-vous de ses regards, c'est moi, sa fille, qui vous l'ordonne.

— Sa fille! murmura l'étrangère, se soutenant à peine. Je m'éloignerai.

Mademoiselle de Saulieu marchait fièrement devant elle, repoussant l'objet de sa colère et la forçant à se reculer. Lorsqu'elle fut hors de portée elle la laissa, en lui jetant un coup d'œil de mépris, qui se résuma par le mot : espion! qu'elle lui adressa à demi voix. L'ambassadrice tressaillit, comme si un serpent l'eût piquée.

— Prenez garde mademoiselle! répliqua-t-elle vivement.

Un mouvement et un cri de madame de Saulieu appelèrent tout le monde près d'elle, on oublia la dame masquée, Isabelle même ne s'en souvint plus, sa grand'mère lui paraissait au plus mal. On envoya un second messager, pour presser le médecin, l'inquiétude était au comble, en ce moment même, on annonça l'arrivée de MM. de Fouquerolles. Béatrix regarda sa sœur, qui pâlit à faire pitié.

— Allez recevoir messieurs mes cousins, dit Isabelle à madame Legrand, apprenez-leur ce qui vient d'arriver, faites-les conduire à leurs appartements, et dites que ma mère les recevra aussitôt que cela lui sera possible.

Radégonde était accourue des premières, elle soutenait sa maîtresse dans ses bras, elle employait en vain tout ce que la connaissance du tempérament de la marquise lui inspirait de soulagement. Elle n'avait point jusque là levé les yeux de ce lit de souffrance; l'ordre donné par Isabelle appela son attention, et ses regards tombèrent sur cette femme mystérieuse, présage nouveau de malheur, au milieu de cette famille éplorée.

— Oh! mon Dieu! dit-elle, cela est-il possible!

Et, laissant madame de Saulieu aux mains de ses suivantes, elle s'approcha.

— Votre nom, madame? demanda-t-elle brusquement.

— Mon nom n'est point fait pour vos oreilles, répliqua l'inconnue.

— Si je ne me trompe pas, au nom du ciel! au nom de votre père qui est près de Dieu! au nom de votre mère qui va y aller, peut-être! répondez-moi, me reconnaissez-vous?

— La douleur vous trouble l'esprit, ma bonne amie, pourrais-je vous reconnaître, puisque je ne vous ai jamais vue?

— Oh! pensa-t-elle, en se retirant, après une profonde révérence, ce n'est point elle, ce n'est pas sa voix, ce n'est pas sa taille non plus, pourtant je ne sais quel pressentiment m'annonçait son nom, mon cœur s'est déjà trompé tant de fois!

Madame de Saulieu se souleva elle-même et appela faiblement, Radegonde s'élança vers elle pour lui répondre et lui donner ce qu'elle désirait; ses paroles n'avaient aucune suite, sa raison bégayait encore. On lui fit avaler quelques gouttes de cordial, elle ouvrit les yeux et murmura :

— Où sont mes enfants?

— Ici, près de vous, chère mère.

— Oh! c'est bien, ne me quittez jamais, n'allez jamais loin de moi, mes bien aimées.

Les deux jeunes filles se rapprochèrent par un mouvement involontaire et simultané.

— Mes enfants, ajouta-t-elle, je suis frappée à mort, j'ai vu une apparition.

— Une apparition, ma mère! C'est une illusion, une folie, ne songez point à cela.

— Je l'ai vue, et, tenez, je la vois encore, là bas, cette femme masquée, c'est elle! c'est elle!

Isabelle fit un geste de suprême désespoir vers cette représentation du mauvais génie, en lui montrant la porte; la marquise fermait les yeux pour ne plus la voir, pendant ce temps elle pouvait disparaître; elle ne bougea pas.

— Ma fille, demanda la marquise, mon Isabelle, m'aimez-vous?

— Plus que ma vie, ma mère.

— Cette femme est-elle là, peut-elle encore nous entendre?

— Elle est là, ma mère.

— Tant mieux, car je vais lui parler, sans la voir.

— Si je vous demandais de mourir pour moi, Isabelle, le feriez-vous?

— A l'instant, ma mère, et sans hésiter.

— Alors vous ne me refuserez pas si j'implore un autre sacrifice, si à mon dernier moment je vous dis : ma fille pour que je repose en paix dans ma tombe, vous allez donner votre main ici, près de mon lit de mort, à M. de Fouquerolles.

— Ma mère!

— Ecoutez, mon enfant, et jugez-moi. J'ai eu un fils, votre père; mais.... il m'est pénible de vous l'avouer, j'ai eu aussi une fille.

— Je le sais, ma mère.

— Ah! vous le savez. Cette fille, dont je veux ignorer la destinée, à qui je pardonne, mais que je ne puis ni ne dois recevoir, cette fille avait déshonoré notre nom. Elle l'a déshonoré sans avoir l'excuse de l'amour, car un pareil cœur ne peut aimer; sans la bonté de M. de Fouquerolles, votre oncle, ce déshonneur devenait public : c'est lui qui a sauvé notre antique maison de sa perte. Votre père alors dans sa reconnaissance lui demanda ce qu'il pouvait lui offrir, ce qu'il pouvait faire pour lui, qui avait tant fait pour nous. M. de Fouquerolles le pria d'accorder ses deux filles à ses deux fils, afin de mieux former une seule famille, et ne voulut jamais accepter autre chose. M. de Saulieu lui donna sa parole de gentilhomme que les mariages se conclueraient aussitôt que vous auriez atteint l'âge nécessaire. On vous éleva dans cette idée; vous savez depuis votre enfance nos projets sur vous. Je ne vous ai jamais parlé ainsi que je viens de le faire, je ne pouvais toucher à cette corde douloureuse, ni vous apprendre ce que j'aurais désiré oublier moi-même. Maintenant, lorsque votre père a succombé sur le champ de bataille, M. de Ravière m'apporta ses dernières paroles, et c'étaient celles-ci :

« — Surtout recommandez à ma mère
» et à ma femme de tenir ma parole à
» M. de Fouquerolles, si mes filles s'y re-
» fusaient ma malédiction tomberait sur
» leur tête. »

Votre mère m'a rappelé cette volonté expresse avant de monter au ciel, maintenant, mes filles, vous savez tout, que comptez-vous faire, en face d'un devoir aussi formel ?

Avant cet entretien suprême la marquise avait fait sortir tous les domestiques, excepté Radégonde. Elle était donc seule avec ses petites filles et l'inconnue cachée dans l'ombre de la grande cheminée.

— Ma mère, répliqua Isabelle, faut-il vous répondre devant cette femme?

— Vous le pouvez.

— Je puis tout dire?

— Tout.

— J'obéis à vos ordres, madame, comme j'y obéirai tant que Dieu m'octroiera le bonheur de vous conserver. Vous savez que je n'aime pas M. de Fouquerolles, vous savez que mon cœur appartient à un autre.

— Je le sais, ma pauvre Isabelle, et je sais combien vous aurez à souffrir de votre obéissance.

— J'accepte cette souffrance, madame, je l'accepte pour remplir la promesse de mon père, pour ne pas encourir la malédiction de mon père, pour que ma mère repose en paix, pour que vous, mon aïeule vénérée, vous vous endormiez tranquille dans le Seigneur. Je suis prête à donner ma main sans mon cœur, si je succombe au fardeau, au moins j'aurai essayé de le soulever, vous ne m'accuserez plus.

En prononçant ces mots, Isabelle tomba à genoux près du lit, les mains jointes, le visage de nacre, et les lèvres tremblantes. Jamais la douleur ne revêtit une forme plus réelle et plus admirable! L'inconnue avait tout écouté sans donner le moindre signe d'émotion, toujours debout, toujours appuyée dans l'ombre; elle garda le silence et attendit.

— Mon Isabelle, vous êtes une noble fille, je ne puis refuser votre sacrifice, et Dieu m'est témoin que si j'étais libre vous ne le feriez pas. Et s'il y a ici quelqu'un qui connaisse madame de Saulieu, qu'on lui rapporte ce qui se passe, et comment sont les filles de notre maison. Radégonde, allez prévenir le chapelain, allez prévenir MM. de

Fouquerolles et d'Oston, que tous se rendent ici sur le champ, le temps presse, allez aussi quérir les voiles de vos jeunes maîtresses, allez! Je n'ai plus guère de temps à moi, je le sens.

Radegonde se disposa à exécuter les ordres de la vieille dame, Isabelle la suivit jusqu'à la porte et lui parla bas.

— Voici bientôt l'heure, dit-elle.

— Je le sais.

— Tu tiendras ta promesse et la mienne, Radégonde, tu l'introduiras dans ta propre chambre, et tu l'y tiendras caché jusqu'à ce que nous puissions lui rendre la liberté sans danger pour lui.

— Malgré ce qui se passe?

— Malgré ce qui se passe, certainement, j'ai juré de renoncer à lui, mais je n'ai pas juré de le laisser périr.

— Faut-il lui apprendre?...

— Non, j'irai moi-même le lui annoncer, c'est à moi seule qu'appartient le droit d'expliquer ma conduite. Vas exécuter les ordres de ma grand'mère, et prie Dieu de me donner la force de vivre jusqu'au bout de ma tâche.

Béatrix, pendant ce temps-là, se serrait dans la ruelle; sans qu'elle s'en rendît compte, la présence de cette inconnue masquée la glaçait et l'effrayait au dernier point. Madame de Saulieu priait les mains jointes et les yeux fermés. Quand Isabelle revint, elle l'appela.

— Mon enfant, dit-elle, vous êtes une héroïne du devoir, Dieu vous en récompensera par votre bonheur.

— Je ne compte sur aucune récompense, madame, le devoir me suffit.

— Pauvre enfant!

Et une larme roula sur la joue de cette

excellente femme, dont le cœur octogénaire avait conservé toute la chaleur de la jeunesse.

Le chapelain et les fiancés ne tardèrent pas à paraître. Madame de Saulieu désira attendre le médecin, avant de procéder à la cérémonie ; elle se sentait si faible qu'elle craignait de ne point arriver jusqu'à la fin. Il arriva quelques instants après et ne laissa pas d'espérance aux orphelines désolées. La secousse qu'elle avait reçue brisait le fil de son existence; elle s'éteignait peu à peu, un cordial lui donna une force factice, qui la mit à même d'achever son œuvre. Les deux jeunes gens, heureux de voir avancer une union qu'ils désiraient depuis longtemps, ne sentaient que cette joie, et si la tristesse d'Isabelle les frappa, ils l'attribuèrent à l'état alarmant de la marquise. La présence de l'étrangère les étonna, ils questionnèrent madame Legrand.

— Cette dame est munie d'un ordre du roi et de Son Eminence, répondit-elle.

Il n'y avait rien à répondre à cela.

— C'est égal, dit le jeune comte d'Oston, cette femme est sombre comme la nuit.

— M. de Ravière est absent pour le service de Sa Majesté, malheureusement, dit la malade. Notre ami est parti ce matin même, il n'a prévenu que moi, moi seule je connais le motif de ce voyage, que Dieu protége! Hélas! je ne le reverrai pas. Je vous prie de lui dire mes regrets nous nous retrouverons là-haut. Monsieur le chapelain êtes-vous prêt?

On avait improvisé un autel dans la ruelle, le chapelain revêtit les habits sacerdotaux, les deux jeunes couples se réunirent, et la cérémonie allait commencer, lorsque mademoiselle de Saulieu perdit connaissance. On s'empressa autour d'elle; le médeciln lui fit respirer des sels, elle ne revenait point, enfin, après une crise nerveuse, elle ouvrit les yeux.

— Pardon, ma mère, dit-elle, en baissant la main de la marquise, pardon, ce n'est pas ma faute, mon cœur a été plus faible que moi.

— Ne pleurez pas, mon enfant, surtout, cachez vos larmes, elles me brisent et me rendraient parjure.

M. de Fouquerolles releva sa fiancée :

— Mademoiselle, dit-il, si Dieu vous prend votre protectrice, vous retrouverez en moi tout l'amour, toute la sollicitude qu'elle avait pour vous, soyez tranquille.

— Ma mère ! ma mère ! reprit Isabelle,

d'une voix suppliante, c'est un généreux gentilhomme que mon cousin de Fouquerolles, il y a crime à lui donner la main sans le cœur.

— Songez à votre père, à votre mère, ma fille, obéissez!

Le chapelain commença les paroles sacrées; Béatrix, heureuse sans arrière pensée, prononça d'une voix ferme le serment solennel; Isabelle semblait plus morte que vive, à peine fut-elle entendue. Cependant madame de Saulieu la remercia et l'encouragea par un baiser. Après la bénédiction nuptiale les deux époux se retirèrent chez eux, ainsi que cela avait été convenu, et laissèrent les jeunes femmes tout entières à leurs soins pieux. Radégonde sortit en même temps, elle resta plus d'une demi heure absente et revint plus tranquille. Isabelle l'interrogea d'un coup d'œil, elle répondit de même que tout était terminé. Mademoiselle de Saulieu soupira fortement, c'était à la fois un soulagement et un regret.

Lorsque les jeunes femmes restèrent seules avec leur aïeule, le médecin et madame Legrand, l'inconnue sembla revenir à la vie de tout le monde; elle fit quelques pas et s'approcha du lit.

— Madame, demanda-t-elle d'une voix presque émue me permettez-vous de rester ici?

— Je ne veux ni le permettre, ni le défendre, repliqua la marquise; je veux croire que je me suis trompée, et que vous êtes simplement l'intermédiaire entre le roi, Son Eminence et moi. En cette qualité, vous pouvez rester au château de Saulieu tant que vous souhaiterez l'honorer de votre présence.

— Mais autrement?....

— Autrement vous ne pouvez avoir oublié ma volonté.

— Madame, madame! resterez-vous inflexible en un pareil moment?

Les médecins n'étaient pas à cette époque ce qu'ils sont aujourd'hui; ils se divisaient en trois classes très distinctes, vivant tout différemment, et n'ayant ni les mêmes attributions, ni surtout la même position dans le monde. Les célèbres docteurs, connus à la cour, dans les maisons des grands, entraient dans les affaires les plus secrètes d'une famille, ils étaient amis respectueux de leurs *pratiques*, (*clients* ne s'employait alors qu'au barreau), et bien souvent ils épargnèrent à ces amis plus élevés qu'eux en dignité et en richesse, des douleurs et des pertes irréparables. Les empiriques leur faisaient un tort immense dans tout ce qui concernait la santé, on les croyait, on les recherchait, on se livrait à leurs remèdes, et s'ils vous tuaient, personne n'avait le courage de se plaindre, la voix de ceux qui survivaient faisait taire les regrets des morts.

Enfin les *frater* de province, tel que celui qui soignait alors la marquise. Ceux-là, ignorants et timides, n'osaient pas employer leurs moyens *énergiques* sur les maîtres des châteaux où on les appelait, mais ils tuaient tout à leur aise les petites gens et les villageois. Quelques savants moines exerçaient la médecine qu'ils apprenaient à fond dans leurs solitudes, ce n'était jamais pour la généralité. Il fallait se rendre près d'eux, les prier souvent; ils vendaient plus volontiers des reliques que des ordonnances. Ces différentes catégories dans l'art de guérir feront comprendre aisément comment et pourquoi au moment d'une scène pareille à celle qui devait avoir lieu, on pria le frater de se retirer quelques instants dans la pièce voisine. Cependant cet homme était vieux, l'expérience lui tenait lieu de savoir, il était infiniment supérieur aux autres hommes de sa profession. La marquise le connaissait depuis sa naissance, c'était à ses bontés qu'il devait son état, le peu qu'il savait, et, chose rare ! il s'en montrait reconnaissant.

— Je vous appellerai dès qu'elle aura besoin de vous, dit Isabelle, laissez-nous, maître Joquelin.

— Sommes-nous seules, ma fille ? poursuivit la malade.

— Nous le sommes, ma mère.

— Qu'elle approche donc alors.

L'étrangère approcha la tête baissée, son cœur se fondait-il ? Sa superbe s'humiliait-elle devant ses fautes et devant la mort ? La marquise continua :

— Vous n'avez plus rien à me dire, n'est-ce pas? Vous vous retirez, madame, vous me permettez de songer au dernier passage entre Dieu et mes enfants. Allez donc, et tout ce que je puis souhaiter, c'est que Dieu vous bénisse.

Un sanglot s'échappa de cette poitrine si calme jusque là, elle tomba tout à fait à genoux et ne prononça qu'un mot:

— Pardon!

— Pardon à vous! Pardon à celle qui cause tous nos maux! Relevez-vous et sortez!

— Quoi! ne me laissera-t-on point ici. Quoi! serai-je bannie encore de votre chevet? Madame, ayez pitié, pitié de moi, je souffre bien!

La marquise ferma les yeux et resta immobile, ses lèvres seules remuaient, elle priait sans doute. Toute l'attitude de la suppliante révélait une angoisse réelle, aussi sa joie fut-elle au comble lorsque madame de Saulieu laissa tomber ces mots:

— Vous pouvez rester! à une condition seulement, vous obéirez à tous mes commandements, quels qu'ils soient.

— J'obéirai.

— Otez votre masque.

— Madame, y pensez-vous?

— Otez-le, vous dis-je, que ces jeunes filles voient vos traits et les gravent dans leur mémoire. Vous pouvez les servir, madame, le ferez-vous?

— Je le ferai.

— A bas le masque! vous dis-je, et voyons-nous face à face, oserez-vous me le refuser?

Elle dénoua lentement les cordons et les enfants virent un beau visage, d'une quarantaine d'années, d'une pâleur mate et presque cadavéreuse. Elle restait agenouillée, et rien ne peut rendre l'expression de son visage, sur lequel toutes les passions, toutes les émotions se combattaient.

— Mon Dieu! dit la marquise, dois-je donc tout éprouver dans cet instant suprême! Voulez-vous me punir de mes fautes en entassant sur mon cœur toutes les impressions, toutes les douleurs d'une longue vie? Donnez-moi donc la force alors, mon Dieu, si telle est votre volonté.

— Ma mère, interrompit Isabelle, est-il bien nécessaire que vous vous fatiguiez ainsi?

— Laissez, mon enfant, ne parlez point de ce que vous ignorez. Écoutez-moi l'une et l'autre. Rappelez-vous ce que je vous ai révélé tout à l'heure, cette tante, dont vous venez d'apprendre l'existence, cette fille qui causa le déshonneur et la désolation de sa famille, cette fille, la voilà !

— Ah ! mon Dieu ! s'écrièrent-elles à la fois :

— Oui, la voilà, la voilà maintenant humiliée, repentante, j'en doute, mais la voilà. La voilà étrangère dans la maison de ses ancêtres, au lit de mort de sa mère, non pas tant parce qu'elle a failli, que par ce qu'elle a fait souffrir à mon cœur par sa dureté, par son indifférence.

— Ma mère ! ma mère !

— Ne m'appelez pas votre mère, je ne la suis plus. Écoutez-moi plutôt, car les forces s'épuisent, et l'effet du breuvage bienfaisant s'efface. Je vous pardonnerai, je vous bénirai encore, malgré tout, si vous voulez en ce dernier instant réparer vos fautes et vous le pouvez. Regardez ces deux anges, ce sont les filles de votre frère, vous êtes puissante et riche, bien que je ne vous demande pas comment vous l'êtes devenue, protégez-les, servez-leur de mère et d'appui, à ces pauvres orphelines ; soyez pour elles tout ce que vous n'avez pas été pour moi. A ces conditions j'oublierai, c'est à vous de choisir.

— Je vous jure, ma mère, de protéger les filles de mon frère, de faire pour elles tout ce que je pourrai et de ne jamais les abandonner tant qu'il me restera un souffle d'existence.

— Vous le jurez, ici, sur le Christ et sur le sein qui vous a porté ?

— Je le jure.

— Soyez donc pardonnée et bénie ; songez que je vous verrai après ma mort, Dieu le permettra, et songez que selon que vous agirez, ma bénédiction et mon pardon vous seront repris ou rendus.

— Vous m'accordez votre tendresse, madame ?

— Oh! il est bien tard pour réclamer une tendresse que vous avez foulée aux pieds; il est bien tard quand je n'appartiens plus à ce monde.

— Ma mère !

— Hélas! ce mot a tant de puissance sur mon cœur! Je l'avais oublié! dans votre bouche, il me touche plus que je ne saurais l'exprimer, ayez pitié de moi, ayez pitié de moi, je me meurs!

La marquise tomba en effet en faiblesse, mais on n'appela personne; dans ce premier moment, les soins réunis de ses filles lui suffirent, elle revint à elle, après cette syncope.

— Je ne suis pas encore partie mes chères petites, dit-elle. Il m'est donné de vous revoir encore. Vous n'oublierez point le visage de votre tante, n'est-ce pas? Elle vous dira où vous pourrez la trouver, en cas de besoin, mais vous ne lui permettrez pas de rester ici, de se montrer à mes vassaux, de réveiller des souvemirs éteints. Vous ne revélerez à personne ce qui s'est passé, vous ne verrez madame de Saulieu qu'au jour du malheur ou de la nécessité, vous me le promettez, mes filles?

— Nous vous le promettons, madame, expliqua Isabelle, et sans efforts. Il nous est impossible d'accepter comme une parente celle qui ne revenait au château de ses pères que pour livrer l'hôte de ce château, celle qui s'est constituée le sicaire du bourreau de la noblesse française. Si madame est la sœur de mon père et votre fille, madame, je ne puis m'engager qu'à une chose vis à vis d'elle, c'est au respect, ne m'en demandez pas davantage, c'est plus que je ne saurais trouver dans ma conscience.

Madame de Saulieu, avec son caractère indomptable, était impuissante à se contenir.

— Ce dont vous m'accusez, ma nièce, est dans notre sang, apparemment, car ce sang bout avec autant de force dans vos veines que dans les miennes. Vous êtes comme moi hautaine, orgueilleuse, vous êtes une vraie fille de Gertrude-la-Belle, notre aïeule, perdue par sa vanité, comme j'ai été perdue par la mienne. C'est bien, persévérez !

— Osez-vous parler ainsi devant moi à cet ange dont vous brisez la vie! Ah vous êtes toujours la même! Rien ne vous corrigera, et bien folle serais-je de m'en rapporter à vos promesses, vous qui n'avez jamais eu ni parole ni loyauté.

Madame de Saulieu fut contrainte au silence, le regard de sa mère était terrible.

— Rappelez le médecin, dit celle-ci, rappelez-le, je souffre! je souffre!

Maître Jacquelin accourut. Il secoua la tête d'un air triste.

— Faites venir M. le chapelain, continua-t-il très bas, il en est temps.

Le chapelain fut mandé, il commença les prières, tout le monde se mit à genoux, même la fière madame de Saulieu, tout le monde pleura, elle avait replacé son masque, et l'on ne voyait que ses traits immobiles. La malade allait toujours en s'affaiblissant, le pouls ne se sentait presque plus, elle murmurait des paroles sans suite, dans lesquelles le nom de sa fille revenait, celle-ci ne se révélait point. Radégonde, rentrée avec les autres serviteurs, cherchait à deviner ce que pouvait être cette femme si pareille à ses souvenirs. Elle écoutait sa voix, et cette voix vibrait à sa pensée. MM. de Fouquerolles et d'Oston avaient été prévenus, la foule des serviteurs remplissait la chambre, on n'attendait plus que le dernier soupir de la marquise, lorsqu'un homme parut sur le seuil de la porte en s'écriant :

— Suis-je arrivé à temps, mon Dieu !

VI

A Paris.

Le matin, de très bonne heure, un seigneur frappa à la porte d'un escalier de service, au Palais-Cardinal, et la voix d'un homme, réveillé en sursaut, demanda, avec assez d'humeur :

— Qui est là?

— Ouvrez, ouvrez vîte, Bernin, j'ai une communication importante à vous faire de la part de Son Éminence.

On entendit un peu de bruit dans la chambre, Bernin se leva, passa à la hâte un vêtement indispensable et tourna la clé dans la serrure.

— C'est vous, monsieur le comte, qu'y a-t-il de nouveau, à pareille heure? Son Eminence a-t-elle besoin de moi?

— Sur le champ. Elle désire vous dicter une lettre, hors des attributions de ses secretaires et des gens connus. Votre écriture est la seule que nous puissions employer.

— Comment se trouve monseigneur le Cardinal?

— Bien mieux il a trop de découvertes importantes à achever, trop de pistes à suivre pour ne pas se porter presque aussi bien que vous. Venez!

Ils sortirent ensemble, descendirent le degré, remontèrent par un autre plus grand et se trouvèrent bientôt dans la chambre où le Cardinal, tout malade qu'il fut, veillait pour le salut de la France. En les apercevant il leva les yeux.

— Assieds-toi près de mon lit, Bernin, prends une plume et écris.

Bernin obéit sans prononcer une parole.

« — J'ai reçu votre demande quelque
» exorbitante qu'elle soit, il y sera fait droit
» sur le champ. Trouvez-vous demain au
» soir à l'endroit que vous indiquez, l'hom-
» me et *la chose* y seront absolument comme
» vous le désirez. Je n'ai pas besoin de vous
» dire à quoi vous oblige ma complaisance,
» vous le savez aussi bien que moi. »

— Signe Paul et Damien. Bien! c'est

cela. Maintenant, porte toi-même cette lettre à la porte Saint-Honoré, fais toi accompagner par quelques mousquetaires; tu trouveras un homme avec un manteau bleu de ciel, il te dira : *La lune est-elle levée ?* Tu répondras : *Elle sort des nuages.* Ensuite tu lui remettras ce billet, sans lui faire aucune question, et tu reviendras vîte.

— Oui, monseigneur.

Bernin sortit et n'ajouta pas une parole, Richelieu resta seul avec le comte de Rochefort, un de ses plus chers confidents; il y eut un moment de silence, pendant lequel le Cardinal changea de place dans son lit, en se plaignant.

— Rochefort, dit-il, j'ai beau me cramponner à la vie, je sens la mort arriver.

— Vous, monseigneur! vous en avez encore pour bien des années. Est-ce qu'on meurt à votre âge?

— Je ne suis pas vieux d'années, mais je suis vieux de fatigue et de travaux. Quand une tête a porté le monde si longtemps, il faut qu'elle tombe, la charge est trop lourde pour un seul homme.

— Monseigneur, vous avez la force nécessaire pour soutenir bien plus encore. Un peu de repos, et vous ne vous apercevrez plus de vos souffrances. Comme Antée, vous devez toucher la terre pour renaître.

— Je la toucherai bientôt pour ne plus me relever, comte, entendez-vous? avant cela que de choses à faire! Oh! le temps! le temps! Je l'achèterais de tous mes trésors. J'ai commencé une grande œuvre, je la voudrais achever. Une œuvre qui m'effraie moi-même, si je la laisse en suspens, car elle a deux tranchants, elle peut perdre ou sauver la monarchie, selon la main qui la dirigera. Et je crains les mains inhabiles. Il existait un intermédiaire entre le roi et le peuple, la noblesse; cet intermédiaire Louis XI, lui a porté le premier coup, j'ai continué son ouvrage, en lui donnant plus d'extension encore. Tous deux nous nous sommes servis de la hache pour abattre ces têtes orgueilleuses, s'élevant jusqu'au trône. La postérité qui jugera les moyens plutôt que la pensée, nous accusera tous deux : nous serons cruels, nous serons barbares, notre mémoire restera exécrée, tandis que les grands sacrifices s'accomplissent pour le bien général.

— Qui pourrait vous méconnaître, monseigneur?

— Qui ? Tout le monde, vous le premier, Rochefort, vous qui me connaissez si bien, si votre intérêt l'exigeait. Ai-je un ami au monde, moi qui ai tant répandu de bienfaits? Je n'ai que des flatteurs ou des envieux, à commencer par le roi lui même. Aussi je méprise l'espèce humaine!

Il donna une chiquenaude à son rabat, en même temps qu'un sourire sardonique ridait ses lèvres. Le comte de Rochefort n'osa rien répondre.

— Nous avons donc accepté les conditions de cet homme, nous allons lui faire porter par Bernin ses sacs dans la forme qu'il nous désigne; ensuite nous tiendrons M. Gaston; il est impossible qu'il fasse un mouvement sans que nous en soyons avertis, c'est l'essentiel.

— Vous accordez toute la somme, monseigneur?

— Sans en rabattre une obole : la trahison se paie cher, monsieur. La vertu devrait se payer plus cher encore, c'est plus rare. Allez donc voir si Bernin est revenu, ce garçon se fait lourd, je le changerai.

M. de Rochefort laissa Son Eminence seule quelques instants. Ce front, si plein de pensées, se courba dès que personne ne l'observa plus, il s'affaissa sur lui-même et murmura :

— Oh ! je voudrais dormir !

Ses yeux se fermèrent en effet, mais le mouvement de ses sourcils révélait une pensée constante; il se reposait peut-être, pourtant son intelligence veillait encore. Il entendit rentrer le comte et Bernin, son visage fut composé dans l'espace d'une seconde.

— Eh bien, qu'a-t-il répondu ?

— Ces seuls mots : On y sera.

— Et toi aussi, mon pauvre Bernin, va te coucher, tu ne dormiras pas beaucoup la nuit suivante, s'il t'est donné de fermer l'œil. Je t'instruirai du reste en temps et lieu, vas !

Bernin ne se le fit pas répéter, il salua le Cardinal et partit. Celui-ci exigeait de ses gens cette obéissance passive; ils y étaient accoutumés, et jamais une discussion n'eut lieu dans une maison aussi considérable. Le comte de Rochefort demanda la permission de se retirer aussi, depuis près de vingt-quatre heures il n'avait pris ni sommeil, ni nourriture.

— Ah! oui, mon pauvre comte, c'est vrai, vous êtes souffrant; le service du roi vous a tenu à cheval toute la journée, et j'ai oublié de vous renvoyer chez vous. Avez-vous faim? Cela ne se demande pas, après un si long jeûne. Allez, allez au lit et à la réfection. A propos : n'oubliez pas l'affaire de Saulieu. Où en est-elle?

— Elle est partie depuis quelques jours et n'a rien fait dire encore. Elle croit réussir.

— C'est bien, elle est fine et adroite; heureusement nous connaissons sa portée. Adieu, à ce soir.

Le comte de Rochefort sortit. Aussitôt que le Cardinal fut seul, il resta un instant à réfléchir, puis il tira un cordon placé près de son lit, un valet de chambre se présenta.

— Qu'on me fasse venir Campanelli.

Le laquais sortit sans répondre, dix minutes après un vieillard d'un beau visage et d'une belle prestance, fut introduit dans la chambre. Sa barbe blanche tombait jusqu'à sa ceinture, son costume bizarre était entièrement constellé d'étoiles. C'était une ample et longue robe bleue, semblable à l'empyrée, sa tête était nue et encore bien garnie de cheveux éclatants comme de l'argent filé. Il salua humblement le

Cardinal et s'approcha lentement de son lit.

— Venez, Campanelli, et répondez-moi sans vous servir de vos phrases habituelles, répondez-moi comme un homme à un homme, faisant abstraction de vos intérêts, qui n'en seront pas moins sauvegardés pour cela. Dites-moi croyez-vous à votre science ?

Campanelli fit un mouvement de surprise.

— Vous n'y croyez donc plus, vous, monseigneur ?

— J'y croirai si tu y crois, maître.

— Eh bien, monseigneur, j'y crois aussi fermement qu'à l'existence de mon âme.

— L'horoscope que tu as tirée du dauphin te semble donc véritable ?

— Elle est sûre et certaine, monseigneur.

— Répète-la-moi, j'ai besoin de la graver dans ma mémoire.

— Il sera fort et puissant, il sera luxurieux comme Henri IV, il agrandira son royaume par de grandes guerres, il donnera des lois au monde et imposera sa volonté comme la première de toutes les lois.

— Après?

— Il continuera l'œuvre de Votre Eminence. Cette œuvre à laquelle elle croit attaché le salut de la France.

— A laquelle *je crois*. Est-ce que je me trompe?

— Oui, monseigneur.

— Je me trompe en voulant affermir l'autorité royale, en cherchant à délivrer le roi des tyrans qui l'oppriment.

— Oui, monseigneur, car en abattant

ces tyrans qu'une main ferme peut toujours contenir, vous mettez le roi face à face avec un autre tyran, bien plus dangereux, bien plus indomptable, avec le pouvoir populaire. Vous ôtez les digues au torrent, et le torrent débordera.

— Il est facile de remplacer les digues brisées par d'autres plus fortes.

— Cela est *possible*, non pas facile, à un homme de votre trempe, mais de pareils hommes ne se produisent pas souvent, on en compte à peine quelques uns dans l'histoire.

— Le dauphin, dis-tu, sera un de ces hommes ?

— Oui, mais après lui ! mais lui-même, sur la fin de son règne !... Avant un siècle et demi, monseigneur, la monarchie française aura cessé d'exister. Je vois des malheurs effroyables, je vois la mort, les supplices, le sang, je vois la race de Hugues Capet décimée et proscrite. Oh! cela est affreux, horrible!

Richelieu ne répondit pas, il baissa la tête.

— Se tromper ainsi! murmura-t-il, après avoir tant pensé! Ensuite?

— Vous ne doutez donc plus de ma science, monseigneur, que vous m'interrogez?

— J'ignore si je crois ou si je doute, mais je voudrais savoir.

— Il est une personne bien plus capable que moi de répondre à Votre Eminence, une merveille de lucidité qui apprendrait à monseigneur les choses les plus cachées.

— Vous vous jouez de moi, Campanelli.

— Moi, monseigneur! Votre Eminence me méconnaît. Lorsqu'elle m'a fait venir d'Italie pour faire le thème de nativité de monseigneur le dauphin, elle eut la bonté de me dire qu'elle avait toute confiance en moi et qu'elle ne consulterait aucun autre astrologue, sans m'en avoir prévenu. Votre Eminence n'a point à se plaindre de moi, j'espère, j'ai fidèlement rempli mon devoir, j'ai suivi ses instructions à la lettre. Maintenant c'est moi qui propose à monseigneur de lui faire connaître un des phénomènes les plus extraordinaires de ce siècle, je ne crois pas que ce soit en rien lui manquer de respect; c'est, au contraire, l'aider dans ses recherches et lui apporter de nouvelles lumières.

— Ne vous effrayez pas, Campanelli, répondit le Cardinal, en riant, je plaisante. Quant à votre sorcière, nous en causerons une autre fois. Pour aujourd'hui, je vous remercie, il se fait tard, je vais essayer de me reposer un peu. Si vous n'êtes pas content de votre logement au Palais-Royal, prévenez-moi, on vous en donnera un autre. Surtout n'allez pas chez la reine sans ma permission.

— Votre Eminence sait que je suis son serviteur.

Le Cardinal tira le même cordon, fit un geste d'adieu familier à l'astrologue, et lorsque le valet de chambre parut :

— Qu'on n'entre plus, sous aucun prétexte, jusqu'à ce que j'appelle, et qui que ce soit, entendez-vous ? Je crois que je vais dormir.

C'était une nouvelle, en effet, que ce sommeil annoncé si solennellement. Les souffrances aiguës qu'endurait le ministre et qu'il supportait avec une patience héroïque, lui enlevaient totalement le sommeil. A peine trouvait-il quelques minutes d'assoupissement; il eût payé une bonne nuit d'une province. Ce jour-là il se sentait si mortellement fatigué qu'il espéra et il se hâta d'essayer cette espérance; mais au bout d'une heure à peu près, il fallut renoncer à tout repos. Cette tête, qui gouvernait le monde, ne pouvait se calmer, ces yeux, qui veillaient sur tant d'intérêts divers, ne se fermaient pas. Après un soupir de découragement, il se retourna dans son lit.

— Le roi, dont je fais les affaires, dort tranquille, lui, et il est aimé, et on ne l'accuse pas. A moi les fatigues, les travaux, les haines; à lui les bénédictions et l'amour. Et je meurs à mon âge, pour avoir usé mes forces à son service! Allons, manœuvre, va, reprends ta chaîne, et marche jusqu'à l'éternel repos.

Deux ou trois laquais accoururent à son appel.

— Les médecins ! dit-il.

Ils attendaient depuis un instant dans l'antichambre. Ils remplirent leurs fonctions ordinaires en silence.

— Je ne suis pas mieux, n'est-il pas vrai, messieurs ?

— Monseigneur, si Votre Eminence voulait se retirer à Rueil, seulement trois mois de suite, sans s'occuper d'affaires, sans toucher une plume, je réponds de son rétablissement.

— Et pendant ce temps, que deviendra le royaume ?

Les médecins employèrent tous les moyens possibles pour le décider, il répondit toujours de la même manière.

— Celui qui conduit le vaisseau de l'État doit rester à son poste et y mourir.

Le jour venu, la foule des courtisans assiégea la chambre et le palais. Le Cardinal les reçut avec sa gravité et sa froideur accoutumées. D'un coup d'œil il distinguait ceux dont il avait besoin et les appelait l'un après l'autre pour leur donner des ordres. Bernin se présenta à son tour, dès que son maître le vit, il lui fit signe de se cacher dans sa ruelle, et de l'écouter, à l'abri des courtines.

— Tu vas partir, entends-tu, et sans tarder, pour la forêt de Sénart. Carrefour-du-Roi, tu rencontreras à la porte de la première auberge, à droite, sur la route, un homme conduisant trois mulets. Tu t'approcheras de lui, tu lui montreras une croix que je vais te remettre, cette croix est divisée en trois morceaux. Il faut que la brisure se rapporte exactement et qu'il te dise en te la présentant :

« — Le gland est encore au chaîne. »

— Tu lui répondras :

« — Nous allons en porter une charge. »

Il te conduira ensuite, ainsi que ses mulets, chargés d'argent, dont le compte est avec la croix. Au carrefour du roi se trouvera un autre quidam, qui doit remettre l'autre morceau de la croix et te demander :

« Combien y a-t-il d'étoiles au ciel. »

— Tu lui remettras les mulets et l'argent, contre un paquet cacheté, qui doit t'être livré intact. Tu reviendras alors, et, à quelque heure que ce soit, tu entreras chez moi. Ne te crois pas seul dans cette expédition, et marche sans crainte. Une escouade de mes gendarmes te suivra déguisée, prête à te prêter main forte, si cela était nécessaire. Ceci est un secret d'État, je n'ai pas besoin de t'en dire davantage. Voici la croix et les instructions, pars.

Bernin sortit mystérieusement, comme il était entré. Le Cardinal continua de recevoir tout le monde, jusqu'au moment où les deux battants de la porte s'ouvrirent et où les estafiers annoncèrent :

— Son altesse royale Monsieur, duc d'Orléans.

Richelieu fit un imperceptible mouvement, très difficile à interpréter. Ses yeux se tournèrent vers le prince qui entrait, et il eut bien vîte compris à l'expression de ses traits que l'entretien ne se passerait pas tranquillement.

— J'aimerais mieux cette scène-là demain qu'aujourd'hui, pensa-t-il.

Monsieur s'approcha d'un air superbe et sans toucher à peine le bord de son chapeau; il n'y avait point de dames présentes. Il prit le fauteuil qu'on lui offrit à côté du lit, puis il dit avec un sourire narquois :

— Je craignais que vous ne fussiez parti pour le Louvre, monsieur le Cardinal.

— Monsieur sait bien ma pauvre santé et que je ne puis quitter cette chambre. Je suis honoré et reconnaissant de sa visite à un malade, à qui il est interdit de la lui rendre.

— *Honoré*, je le suppose, *reconnaissant*, nous verrons cela tout à l'heure. J'ai à vous parler, monsieur le cardinal.

— Monsieur, on va nous laisser seuls, si Votre Altesse l'exige.

— Ce que je vais vous dire n'est point secret, monsieur, chacun doit le savoir, au contraire, et je voudrais avoir ici toute la noblesse de France.

— Je suis aux ordres de Monsieur.

Cette humble réponse fut accompagnée

d'un regard d'une arrogance extrême, caché sous les longs cils du Cardinal, Gaston le vit néanmoins, et le rouge lui monta au visage.

— Vous êtes étonné de me recevoir ici, sans doute ?

— En effet, je croyais Monsieur à Blois, depuis plusieurs semaines.

— J'y suis, et j'y devais rester, mais un ordre du roi m'en a rappelé momentanément hier.

— Un ordre du roi ! Monsieur se trompe, je le crains.

— Un ordre du roi, vous dis-je, monsieur. Je suis venu, et Sa Majesté m'a commandé de me rendre chez vous.

La joie du triomphe fit baisser quelques secondes les yeux du moribond.

— J'y viens, sur l'ordre de Sa Majesté,

pour rétracter la déclaration que j'ai faite...

— Monsieur a fait beaucoup de déclarations, de laquelle s'agit-il?

Un murmure, contenu par le respect, circula dans la foule. Le caractère indécis et presque lâche de Gaston était connu de tout le monde. Il avait une de ces bravoures qui se font tuer sans trembler dans une bataille, et qui deviennent humbles devant une explication un peu vive. Il écrivait, il rétractait, il accusait ses meilleurs amis, et en même temps les portait aux nues, il était impossible de compter sur lui en quoi que ce fut. Il participait à toutes les conspirations, et lorsqu'elles étaient découvertes il abandonnait ses complices. Aussi ce jour-là Vitry dit-il à son voisin:

— La grande colère de Monsieur aboutira à des excuses, vous allez le voir.

La question du Cardinal le laissa tout interdit, sa fierté s'humiliait déjà devant cette impassibilité inébranlable.

— Je dois vous parler de la part du roi, monsieur, votre maître est le mien. C'est pour cette déclaration de Saint-Fargeau, au nom de Mademoiselle, c'est...

— Pardon, si j'interromps Son Altesse, mais je ne vois pas trop en quoi toute cette affaire me concerne.

— En quoi? Je ne sais... c'est le roi...

— Ah! peut-être vous revenez sur les biens donnés par Mademoiselle, trop jeune pour les administrer.

— Ce n'est pas elle, monsieur, il s'agit de mon apanage. Il n'est pas réglé encore pour les limites; le roi dit que cela va se faire, mais que cela dépend de vous.

— Je suis le très humble serviteur de Monsieur; ses ordres seront exécutés.

— Je ne suis point ici pour cela, mais pour vous expliquer comme quoi....

Il se tut un instant.

— Comme quoi Madame est en querelle avec sa famille et qu'il vous faut les raccommoder.

— Je ne suis point en Lorraine, Monsieur.

— Enfin le roi veut,... le roi veut...

Ses yeux venaient de tomber sur Puylaurens, son ancien confident, celui qu'il avait envoyé en Espagne, et qui s'était exilé lui-même, lorsque le maréchal de Montmorency paya de sa tête la lâcheté de ses complices.

Puylaurens, depuis lors, n'avait plus reparu en France; qu'y venait-il faire à cette heure? La hardiesse d'un tel retour ne le cédait qu'à celle de se présenter ainsi au Palais-Cardinal, le prince en resta pétrifié, et à dater de ce moment, il perdit le peu de présence d'esprit que sa faiblesse lui avait laissée.

Le Cardinal affecta une grande patience, une déférence complète. Il attendit, et, comme Monsieur ne parlait point :

— Je trouve à Son Altesse une mine charmante, l'air de Blois lui convient à merveille; quand est-ce qu'elle y retourne?

Le fils de Henri IV ne tenait de lui qu'un peu de son esprit, ses autres qualités lui faisaient défaut.

— Je suis absolument du même avis en ce qui vous regarde. L'air de Richelieu vous rétablirait tout de suite, et je serais heureux de vous y savoir en voie de guérison, avec tout l'intérêt que je vous porte.

Richelieu s'inclina d'un air de courtoisie, il était résolu à ne pas donner prise un instant.

— Monsieur n'a rien plus à m'ordonner?

C'était un congé formel.

Monsieur eut la faiblesse de l'accepter, il se leva.

— Qu'avais-je annoncé? reprit Vitry, il se laisse chasser comme un laquais.

— Avez-vous compris quelque chose à ce qu'il a dit?

— Est-ce qu'il l'a compris lui même? Tout son esprit se fond devant cette soutane rouge. Il s'est humilié et il s'en va lorsque le maître le juge convenable. Oh! si le feu roi le voyait !

Pendant ce temps le prince s'était levé en effet, les yeux fixés sur Puylaurens, qui se confondait en révérences, pour se mieux faire remarquer.

Le Cardinal l'aperçut enfin et devint pâle de colère.

— Ah! ah! dit-il, monsieur de Puylaurens! C'est le jour des revenans.

— Moi-même, monseigneur, je suis venu moi-même me mettre entre vos mains, et vous supplier de me permettre d'être à vous corps et âme. Ceux que j'ai servis jusqu'ici m'ont abandonné, cette fois, du moins, je veux qu'on me soutienne, me voilà.

Le Cardinal devina d'un coup d'œil le parti qu'il pouvait tirer de cette défection, et n'eut garde d'y mettre obstacle. Il adressa un sourire tout aimable à Puylaurens, en lui disant :

— Vous pouvez rester, monsieur. J'aime les braves et les hardis. Si vous vous fussiez caché je vous aurais poursuivi, vous vous livrez vous-même, je vous pardonne.

Ce n'était pas la première scène de ce genre, dont Monsieur fut contraint d'accepter l'affront.

Il se tint immobile et en silence et répondit avec beaucoup de hauteur au profond salut de son ancien complice.

— Adieu, monsieur, dit-il au Cardinal, je souhaite de nous voir mieux tous les deux.

Aussitôt qu'il fut sorti de la chambre, le cercle se resserra et les conversations particulières commencèrent.

— Messieurs, interrompit le Cardinal, on va jouer; qui gagnera du roi ou de la dame? Je parie pour le roi, faites votre jeu.

VII

—

Dans la Forêt.

Cependant Bernin cheminait vers la forêt de Sénart, sur un cheval de louage, et avec le costume le plus belliqueux qu'il put imaginer. Sa fierté ne pouvait se dissimuler entièrement que malgré sa place éminente, il était peut-être sur la route de quelques bons horions, peut-être pis. Il trouva au cabaret indiqué l'homme et ses mulets, ployant sous le faix.

— Seigneur! qui va-t-on acheter? se demanda-t-il. Il faut que ce soit le roi lui-même, ou tout au moins Monsieur.

Pendant le chemin il interrogea le conducteur et acquit facilement la certitude qu'il ignorait encore ce qu'il allait faire. Il marchait par l'ordre de Son Eminence, n'avait pas osé demander encore une explication.

— C'est égal, monsieur, j'aurais préféré ne pas courir la nuit, avec mes bêtes et ces sacoches. On nous fera peut-être un mauvais parti, ajouta-t-il.

Bernin jeta un regard investigateur sous les arbres qui l'entouraient; la nuit commençait à descendre, et, dans la forêt, l'obscurité était complète. Ils avaient encore deux lieues à faire à travers des routes tortueuses. Le valet de chambre réfléchissait aux vicissitudes de la vie politique. S'il perdait son maître, qui lui saurait gré de tant de peine? Peut-être de nouveaux favoris détruiraient-ils les créatures de l'ancien, peut-être ne lui resterait-il même pas une pension pour vivre tranquille sur ses vieux jours. Le muletier sifflait et chantait pour se donner du courage, ils arrivèrent enfin à ce carrefour annoncé où ils trouvèrent en effet un homme, un masque sur le visage et l'épée à la main.

— Qui va là? demanda-t-il.

Bernin s'empressa de donner le mot d'ordre.

— C'est bien, dit l'homme, alors avancez et comptons.

— Je n'en ai pas l'ordre, répondit Bernin.

— C'est possible, mais moi je le donne et vous attendrez, s'il vous plaît, que j'aie fini. Je ne prétends pas acheter chat en poche.

Il s'établit par terre, avec autant d'aisance que s'il eût été tranquille dans sa maison, mais sans quitter de l'œil son épée et ses pistolets, posés à côté de lui.

— Maintenant, l'ami, dit-il au muletier, décharge-moi tes bêtes, avec précaution et mets chaque sac auprès de moi, que je compte.

— Faut-il, monsieur?

— Je ne sais, murmura Bernin.

— Certainement il le faut, car je ne signe point sans cela votre décharge.

— Va donc! mais que le diable emporte les fâcheux!

L'inconnu ne s'inquiéta point de cette

mauvaise humeur. Il ouvrit le premier sac et en tira les pièces qu'il compta avec une rapidité indiquant une grande habitude. Il les entassait à mesure dans un bissac qu'il avait apporté et assaisonnait les comptes d'observations, tantôt d'approbation, tantôt de blâme.

— Les pièces sont rognées, c'est bien là M. le Cardinal. Pourtant le compte y est, jusqu'à présent du moins. Dites à Son Eminence qu'on lui en donnera pour son argent.

— Savez-vous, monsieur, que votre imprudence est sans égale? Le bruit de cet or peut attirer des voleurs, le nombre en est grand, vous nous ferez égorger.

— Croyez-vous? demanda-t-il, d'un air narquois, sans relever la tête. Quant à moi, je ne les crains guère.

— Comment emporterez-vous tout cela ? Nous ne vous laisserons pas les mulets.

— Je n'y compte point.

— Vous avez donc pris vos précautions ?

— Eh ! eh !

—Voici la dernière sacoche, cela va finir pourtant.

— Comment la dernière sacoche ? Alors il en manque une, ce ne sont point là nos conventions. Oui, en effet, il en manque une. Ah! M. le Cardinal ! vous ne me saviez pas si régulier dans mes comptes apparemment. Recharge tout cela sur tes mules, mon garçon, et vous, monsieur Bernin, écoutez bien ce que je vais vous dire. Vous remettrez à Son Eminence toute cette somme, je n'en ai pas gardé une pistole, vous en êtes témoin; vous ajouterez que je la lui renvoie, afin qu'elle soit complétée, ou bien qu'alors rien n'est fait entre nous. Je serai ici la nuit prochaine, j'attendrai; si on ne m'apporte rien, je saurai ce qui me reste à faire. Si vous revenez bien nanti, je me mettrai à l'œuvre dès demain. Là-dessus tirez de votre côté et laissez-moi tirer du mien. Que le bon Dieu et saint Hubert vous gardent des mauvaises rencontres !

— J'en suis tout gardé, monsieur, n'importe quel soit votre nom.

— Un peu d'aide fait grand bien, ne l'oubliez pas.

Bernin se retira fort contrarié ; quant à l'homme, il était déjà parti. Le valet de chambre hâtait le pas des mules et le sien, l'inquiétude la plus vive le dominait. Il y avait mille chances pour qu'il fût volé ; il n'hésita pas alors à rejoindre l'escorte, le nombre seul pouvant imposer aux malfaiteurs. Bien lui en prit d'avoir eu cette idée. On aperçut presque tout le temps des hommes de mauvaise mine suivant le convoi. La bonne attitude des gendarmes suffit à les mettre en fuite. Mais quand Bernin rendit compte de sa mission, il ajouta :

— Certainement, monseigneur, sans les gendarmes, ni le muletier, ni le trésor, ni moi ne revenions.

— Le muletier et ses bêtes sont en lieu de sûreté?

— Oui, monseigneur.

— Ils ne parleront pas plus les uns que les autres ?

— Monseigneur peut être tranquille, j'ai la clé dans ma poche.

— Eh bien, mon pauvre garçon, on te donnera ce qui te manque, et tu retourneras cette nuit. Après tout, mon compère est une honnête créature, il a renvoyé l'argent. Va dormir, Bernin, si tu peux. Ah! si j'étais sûr qu'une course aussi ennuyeuse dût amener le sommeil, je prendrais tes habits et j'irais moi-même. Il est inutile de prévenir Rochefort de tout ceci.

— Je suis comme le muletier et ses bêtes.

Le cardinal sourit. Bernin sortait, il le rappela.

— A propos : tu vas faire préparer mes équipages. Demain, je pars pour Rueil.

— Monseigneur se trouve donc mieux?

— Si je ne me trouve pas mieux. Nul ne doit le savoir. Le roi y vient dîner.

— Monseigneur a donné ses ordres?

— Madame d'Aiguillon y est arrivée depuis hier, elle a dû tout voir. D'ailleurs un dîner de malades n'a pas besoin d'être si copieux. Le roi et moi nous nous suivrons de près, Bernin.

— Dans bien des années, monseigneur.

— Je sais ce que je sais à cet égard, mon ami. Le goûter de demain n'est qu'un petit cercle. Le roi ne veut pas qu'on le raconte, afin de ne pas être ennuyé de la foule des courtisans. Il me fait cet honneur *pour moi*, pour faire taire ceux qui me prétendent à la veille d'une disgrâce. Monsieur y sera et de là il partira pour Blois.

Bernin restait stupéfait. Depuis plus de vingt ans qu'il servait le Cardinal, jamais il n'avait entendu un si long discours de son maître à lui. Ordinairement il donnait ses ordres sans commentaire, et les confidences de ce genre étaient loin de ses habitudes.

Il devait avoir une raison pour se montrer communicatif. Bernin le connaissait à merveille; au lieu de s'en réjouir, il s'en préoccupa.

— Il espère peut-être m'enivrer de vanité et me faire commettre quelque indiscrétion; il a besoin de ma place, que sais-je! mais cela n'est pas naturel.

Le pauvre Bernin ne calculait pas sur la maladie.

Il voyait toujours le Cardinal puissant et superbe, il ne songeait point aux besoins que la souffrance apporte avec elle.

Bernin aimait Richelieu et il l'aimait d'une manière désintéressée; Richelieu le savait, Richelieu s'en souciait peu lorsqu'il était bien portant, en possession de ses facultés, de ses idées, de ses mouvements. A présent la mort approchait, l'homme prenait le dessus sur le ministre, il regardait autour de lui et n'y trouvait que des courtisans ou des héritiers. Hors cet humble ami, personne ne s'inquiéterait de lui quand il ne pourrait rien promettre, rien accorder. Les génies les plus supérieurs, les politiques les plus habiles ont un coin de leur âme ignoré peut-être d'eux-mêmes, jusqu'au jour du malheur, où l'humanité se retrouve. Bernin était pour le Cardinal cette représentation visible de la Providence que nous cherchons sans cesse et que nous ne perdons pas sans un amer regret, tant il est vrai que l'isolement est la plus vive de toutes les douleurs.

La journée se passa comme de coutume au Palais-Cardinal. On y vit plus de monde que jamais. La visite du roi à Rueil était connue et cette faveur éclatante appelait tous les courtisans. Chacun espérait être désigné;

la liste fut courte, on ne voulait absolument que quelques familiers. Louis XIII avait plus que jamais ses humeurs noires, le Cardinal, bien loin de l'en distraire, le confirmait dans ces pensées lugubres; il espérait de la sorte l'éloigner davantage encore des affaires. L'ambition est insatiable, quand elle a tout, elle veut encore.

Bernin accomplit le soir son pélerinage comme la veille, seulement sa suite fut doublée.

Le mystérieux inconnu se trouvait au rendez-vous. Il recommença juste ce qu'il avait fait, compta les espèces, pesa les sacoches, et trouvant son affaire en règle, il décampa sans dire merci.

Le muletier et Bernin repartirent; ils se séparèrent devant le cabaret où ils s'étaient d'abord rencontrés.

Aussitôt que le valet de chambre eut franchi la barrière et se fut éloigné, le muletier changea complètement de tournure et de façon. Il quitta son attitude obséquieuse et modeste, entra dans la maison, en criant :

— Mon cheval, mon cheval! et vîte, il n'y a pas un instant à perdre.

Un cheval tout sellé attendait dans l'écurie, un domestique l'amena et tint l'étrier avec respect.

— Tu sais où tu dois aller, lui cria-t-il en partant au galop.

— Oui, monsieur le comte, répondit l'autre, et j'y serai cette nuit.

Le domestique resta sur la porte jusqu'à ce qu'il n'entendît plus le bruit des fers du cheval frappant les cailloux.

Il rentra à son tour dans la maison en étendant ses bras, et bâillant avec tous les signes d'une envie de dormir invincible.

— Commençons par nous reposer, se dit-il; je ferai peut-être sa commission demain. Nous verrons! La nuit porte conseil.

VIII

Rueil.

Le temps de notre histoire le plus fertile en intrigues est certainement celui où se passent ces aventures. La fin du règne de Louis XIII et de Richelieu, la Fronde, furent de perpétuelles scènes plutôt comiques que tragiques, malgré quelques drames épars çà et là. Jamais le caractère français ne se montra avec autant d'éclat, d'esprit, de bravoure, mais aussi jamais les mœurs ne furent plus dissolues et les consciences plus faciles. On vendait, on donnait et sa personne, et sa parole et son honneur, autant de fois que l'intérêt, la fortune, et surtout le plaisir l'exigeaient. C'était un changement perpétuel de partis et d'idées, auquel il était impossible de se reconnaître. Tant que le Cardinal fut le maître, l'intrigue se cachait, ou il la dominait lui-même; lorsqu'elle entrevit la fin de sa puissance, elle releva la tête, qu'elle craignait moins de perdre, et tous les fils se disposèrent pour le moment où la main d'une femme tiendrait le sceptre. La Fronde naquit des rancunes des grands contre Richelieu; Mazarin en fut le prétexte.

Le matin du jour où il attendait le roi à son château de Rueil, Bernin entra chez lui, ainsi qu'il l'avait ordonné, sans même prendre le temps de changer de costume.

— Eh bien? demanda le Cardinal.

— Tout est terminé, monseigneur.

— Et le muletier? qu'as-tu fait du muletier?

— Je l'ai quitté où je l'avais pris, ainsi que vous me l'aviez ordonné.

— Je t'ai ordonné, au contraire, de le ramener ici et de ne le laisser échapper sous aucun prétexte.

— Vous m'avez ordonné cela, monseigneur! Plairait-il à Votre Eminence de me dire quand et en quel lieu?

— Je t'ai envoyé cet ordre hier, au moment de ton départ, à cause des renseignements qui me sont parvenus. Et il est à cette auberge, dis-tu?

— Sans doute, avec les mules.

— Va sur le champ t'en informer, amène-le moi, je l'attends. Je ne partirai pas pour Rueil que je ne l'aie en mon pouvoir.

Bernin courut. Richelieu se montra sombre et inquiet jusqu'à son retour, qui se fit attendre plus d'une heure et demie. Dès qu'il l'aperçut, il l'interrogea vivement.

— Monseigneur, vous voyez le plus désolé des hommes, le cabaret est fermé. J'ai questionné les voisins, ils m'ont répondu qu'il ne s'était pas ouvert d'aujourd'hui, qu'ils n'avaient aperçu quoi que ce soit, ni dans la maison, ni aux alentours, et voilà tout ce que j'ai pu apprendre.

— Sang-Dieu! on ne m'avait pas trompé, c'est lui!

— Monseigneur, je vous atteste sur ce qu'il y a de plus sacré que je n'ai reçu aucun autre ordre de vous que celui dont vous m'avez chargé vous-même.

— Et je le sais bien! répliqua-t-il avec impatience, on l'a remis au faux muletier.

Bernin se sentit soulagé d'un poids immense. Il ne se trouvait plus coupable, il était maintenant sûr de ne point être accusé.

Le Cardinal se fit lever, habiller sans prononcer une parole; il rêvait profondément. On le descendit jusqu'à son carosse; il y monta seul, ne permettant à qui que ce fût de l'accompagner autrement que dans un carrosse de suite. Lorsqu'il arriva chez lui, Monsieur y était déjà, jetant feu et flamme de loin, comme à l'ordinaire, et s'adoucissant dès qu'il fallait soutenir sa colère. Le vainqueur de Cassel ne craignait ni la poudre, ni la mort; il craignait les yeux sévères de Son Eminence et les réprimandes de son frère.

Rueil, où Louis XIII allait venir visiter son sujet, était un château bâti sous les règnes précédents, d'abord pour Catherine, ensuite pour Marie de Médicis. Ce n'était, à proprement parler, qu'un nid, en comparaison du magnifique palais de Saint-Germain.

. Cependant la beauté des jardins, des décorations, l'élégance des bâtiments suppléaient à la grandeur. Le parc ne le cédait en rien à ceux de Sa Majesté, on y trouvait toutes sortes de jets d'eau, de bocages, de solitudes, de fontaines, de statues, et tout ce que l'art put imaginer pour rendre cette maison agréable.

« En entrant dans ce délicieux Eden, les yeux et les oreilles étaient d'abord trompés par des notes contrefaites et par les mouvements de toutes sortes d'oiseaux, qui chantaient perpétuellement à mesure que l'eau les faisait chanter. Un peu plus loin, on voit plusieurs belles statues antiques, qui servent d'ornements à deux fontaines, entr'autres, un crocodile de grandeur naturelle, qui fait une harmonie si surprenante qu'on dirait qu'il a dans son corps un concert de musique italienne. Après avoir écouté avec admiration ces copies imitant si bien la nature, on vient à un lieu ressemblant fort au portrait que les poètes font des Champs-Elysées.

» C'est un bocage, dont le sommet des arbres est entrelacé si près à près, qu'on ne voit plus le soleil au travers. L'obscurité des lieux et le murmure des vents au sommet des arbres remplissent cet endroit d'une espèce d'horreur sacrée. Je ne saurais comparer ce désert qu'à ce que les historiens disent des avenues du temple de Jupiter Ammon, en Egypte.

» La maison est au centre de ce bocage; on la croirait plus propre, ainsi entourée, pour un couvent que pour la cour d'un prince. Ce qu'on en peut dire de plus favorable, c'est qu'elle ressemble à un ermitage, ou à une cellule consacrée à la mélancolie des rois. »

Je copie mot à mot cette description dans un manuscrit contemporain, où j'ai puisé tous les documents relatifs à cette histoire.

Rueil était, on le voit, un séjour de tristesse ou de rêverie, convenant parfaitement au caractère de Louis XIII; aussi y venait-il souvent. Il s'y plaisait, il aimait à y être seul. La reine fuyait ces sortes d'endroits, qui l'impressionnaient fortement et lui rendaient son malheur trop sensible. Ce jour-là, pourtant, elle avait suivi son *seigneur et maître* ; il l'avait exigé, la faveur du Cardinal devait être complète.

Monsieur ne fit pas défaut à ses habitudes. Il vanta la maison, les jardins, les tableaux, tout ce qui restait sur un terrain neutre. Son Eminence reçut ses compliments avec la condescendance d'un supérieur. Cette ontrecuidance devait sembler bien cruelle au fils de Henri IV; il la supporta néanmoins.

Quand le roi fut arrivé, à l'instant même, on se mit à table; il voulait être servi avec promptitude et exactement. Le Cardinal n'eut garde de le faire attendre. Ils ne mangèrent ni l'un, ni l'autre. Richelieu l'avait bien dit ; ils se mouraient tous les deux; tous les deux cherchaient à le cacher, le ministre surtout. Quant au roi, son désir brûlant était de lui survivre, il le voulait avec une force de volonté qui ressemblait à de l'entêtement. Il soupirait après sa délivrance et il cherchait à retenir sa vie qui lui échappait. Le repas fut triste, ainsi que cela était partout où se trouvait le roi. A peine échangea-t-on quelques paroles.

— Le roi retourne ce soir à Paris? demanda madame la princesse de Condé, venue avec la reine.

— Oui, ma cousine, je veux coucher au Louvre. Monsieur le Cardinal revient aussi, je pense.

— Je reviens comme vous, sire.

— Quant à mon frère, il m'a témoigné le désir de rester ici jusqu'à demain; l'hospitalité de monsieur le Cardinal est si magnifique, qu'elle n'a point de limites formées. Monsieur passera donc la nuit ici, et ceux d'entre vous, messieurs, qui souhaiteront lui tenir compagnie à souper, me seront fort agréables.

Monsieur, versatile, et perpétuellement en contradiction avec lui-même, se montra satisfait de rester quelques heures de plus sous le toit de son ennemi mortel. Ce caractère si particulier, tant de fois dépeint et présentant toujours quelque face nouvelle, n'inspire ni sympathie, ni intérêt. Il joua pourtant un grand rôle à cette époque, non pas par sa valeur personnelle, mais par sa position. Il était, après le Cardinal, le premier personnage de l'Etat. La régence tout entière reposait sur lui, bien que la reine eut de droit ce titre, le fait lui donnait la puissance. Il pouvait soutenir Anne d'Autriche, ou lui faire obstacle; ce n'était pas peu de chose.

Tous les yeux se tournaient donc vers ce prince, si peu fait pour attirer les regards.

Cette explication est nécessaire à la suite de ce récit, à ceux de mes lecteurs qui ne se sont point particulièrement occupés de l'histoire de cette époque, si difficile à bien connaître dans tous ses détails.

Les seigneurs qui se trouvaient présents acceptèrent avec joie l'ordre de Louis XIII. Monsieur était un bon compagnon, quand le jeu lui plaisait.

Il avait de l'esprit et du plus original. Lorsque Madame lui permettait quelque partie de table, il s'y conduisait vaillamment, on en parlait pendant huit jours. On attendit donc impatiemment le départ des malades et l'on se prépara à un souper somptueux.

Le roi, défiant, examinait tout, et ne disait que ce qu'il lui plaisait de dire.

— Mon frère, et il sourit finement au prince, mon frère, nous nous reverrons, je l'espère, avant votre départ pour Blois. Madame vous attend, et je serais coupable de tromper son impatience. En attendant, pour ce soir, bon appétit, joyeuse vie et doux sommeil ensuite, vous pouvez dormir, vous, qui n'avez pas les soucis du trône.

Le Cardinal assura le duc d'Orléans des sentiments les plus sincères.

— Mon humble maison est à vos ordres, Monsieur, commandez, ordonnez comme en votre propre logis.

Gaston avait parmi ses principaux domestiques un jeune page, nommé Olivier de Serrac, qu'il affectionnait très particulièrement et qui ne le quittait jamais.

Il se tenait derrière lui, n'importe où il fût, et le dévoûment de cet enfant à son maître était passé en proverbe à la cour. Il était beau à miracles. Certains courtisans assuraient que c'était une femme déguisée.

Quoiqu'il en fût, ce jeune homme était venu chez Monsieur d'une façon tout à fait singulière, recommandé par madame la duchesse de Nemours, l'amie particulière du prince. On ne lui connaissait pas de famille; le Cardinal le protégeait, sans chercher à l'entraîner dans une voie perfide à l'égard de son maître.

Ce jour-là, il se sentait d'une gaîté folle ; plusieurs courtisans lui en demandèrent la raison; il répondit qu'il avait vu la vierge Marie, et qu'elle lui avait annoncé pour bientôt le comble du bonheur.

Monsieur ne se contenta pas de cette raison, il en voulait une autre. Olivier ne lui répliqua que par une plaisanterie, et se disposa à le servir.

Parmi les convives se trouvait le duc de

Beaufort, petit-fils de Henri IV et de la belle Gabrielle. C'était un des plus beaux et des moins habiles seigneurs de la cour. Sa nullité était proverbiale, il l'a bien prouvée depuis, pendant la Fronde.

Il détestait de toutes ses forces le cardinal de Richelieu. Très jeune encore, il préludait à ses expéditions et commençait le roman de sa vie, si pleine d'incidents et de mystères.

Il parcourut tout le château, tous les jardins, pour être bien sûr de sa liberté.

— Et malgré tout, ajouta-t-il, je ne me sens pas à mon aise ici. Je tremble toujours de voir lever quelque chausse-trappe, qui nous ensevelisse dans un souterrain.

Avant le souper les jeunes seigneurs se promenèrent longtemps, devisant des beautés de la cour. Chacune d'elles trouva son champion et ses détracteurs. Un souper d'hommes ressemblait dès ce temps-là à ceux d'aujourd'hui. On médisait, on calomniait, on se moquait à outrance, Monsieur plus que les autres.

— Ceux d'entre vous, messieurs, qui voudront venir à Blois y jugeront de ma retraite. Je fais bâtir, je m'amuse ; Madame a près d'elle un essaim de jolies femmes, bien plus jolies qu'à Paris, je me fais apporter les poissons, les gibiers de toutes les terres de Mademoiselle, la chair est excellente, l'air est bon, on y vit tranquille, que voulez-vous de plus ? Olivier, verse-moi à boire.

Olivier se tenait tout prêt, une bouteille de vin de Chypre à la main, de la sorte il était charmant.

— Monsieur, dit le duc d'Enghien, votre

Olivier deviendra un paladin comme son patron, quand la barbe lui sera poussée.

— Monseigneur, il est bien difficile de vous suivre, j'essaierai.

— Il répond comme un docteur. Quel âge as-tu, Olivier?

— Monseigneur, j'ai seize ans et demie.

— Es-tu bien sûr d'être un garçon ?

— Pourquoi cela, monseigneur?

— Les garçons n'ont point ordinairement un visage et des cheveux semblables aux tiens.

— Monseigneur, un garçon de mon âge n'est point un homme.

— De mieux en mieux. Quels sont tes parents?

— Je n'en ai plus,

— Quoi! ni père, ni mère!

Il baissa les yeux tristement.

— Non, monseigneur, ni père, ni mère.

— Cet enfant est plein de grâce, je l'adopte, poursuivit étourdiment le duc de Beaufort.

— Je vous remercie, monseigneur, je ne suis plus à prendre.

— Tu veux rester avec Monsieur?

— Jusqu'à la mort.

— Pauvre enfant! c'est bien long ! Quoi! enchaîner ainsi tout ton avenir !

— L'avenir, monsieur, qui sait? c'est peut-être une heure. Quelque jeune que nous soyons, avons-nous un avenir ?

— Quelle pensée à ton âge et dans un pareil moment!

Le duc de Beaufort éleva son verre et se mit à crier : à la santé du bel Olivier !

— A quand ta première maîtresse, Olivier?

— Quand elle voudra, monseigneur.

— Es-tu déjà amoureux?

— Monseigneur, ne parlons pas si haut de mes amours.

— As-tu donc des amours?

— Monseigneur, j'ai un cœur et je n'ai pas eu de mère.

Ce bel enfant prononça ces mots avec une expression déchirante, chacun se sentit ému.

— Ventre saint-gris! comme disait mon aïeul, s'écria le duc de Beaufort, si j'étais femme, j'adorerais ce marmouset là et je voudrais lui broder sa première écharpe.

Monsieur se retourna vers son page et lui demanda à boire.

— Petit, tu m'as oublié.

— Moi, monseigneur? J'oublierais plutôt de vivre, mais c'est que je pensais.

— A cet âge on pense toujours, dit le duc d'Enghien.

— Monseigneur, êtes-vous donc beaucoup plus âgé que moi!

Le reste du souper se passa en propos bien plus gais et en libations si fréquentes que la plupart des convives eurent toutes les peines du monde à regagner leur lit. Monsieur se sentit tellement échauffé qu'il refusa de se coucher et se mit à courir dans le château, suivi d'Olivier seulement. L'enfant écartait les autres domestiques, ne voulant point souffrir que le prince fut vu dans un état semblable. Quant à lui il n'avait pas même soupé. Arrivé à la galerie supérieure, Gaston aperçut un lit de camp, dressé pour le gardien des tableaux, et se jeta dessus.

— Monseigneur, dit Olivier, si vous descendiez à votre chambre.

— Non, j'aime mieux rester ici. Causons.

— Quelqu'un pourrait venir, nous serions mieux chez votre altesse royale.

— Je suis bien en cette galerie, il y a plus d'air.

— Au moins, Monsieur, ne vous couchez pas sur ce pliant, il n'est pas fait pour vous.

— Il est fait pour moi et je le veux. Viens ici, petit Olivier, et réponds-moi. Tu as dit d'un ton si touchant : je n'ai jamais connu ma mère! que cela m'a été au cœur. Tu ne l'as donc pas connue ?

— Monsieur le sait bien.

— Non, je ne le sais pas, répondit le prince, avec l'insistance d'un homme ivre, il faut me le dire tout de suite.

— Monseigneur, il est bien tard pour vous répéter une histoire qui vous est connue.

— Je te dis que je ne m'en souviens

plus, si je la sais, et je veux que tu me la répètes.

— Vous n'avez pas pitié du pauvre Olivier, mon cher maître.

L'enfant se mit à pleurer. Le prince s'en aperçut et comme les ivrognes sont ordinairement fort tendres, il pleura aussi.

— C'est bien, c'est bien, mon fils, viens ici que je t'embrasse, et contes-moi tes peines, je te promets de te les ôter. Voyons où es-tu né?

— Je ne l'ai jamais appris, monseigneur.

— Qui t'a élevé?

— Une vieille femme et un homme très méchant.

— Où cela?

— Loin de Paris, mais j'ignore le nom du pays. Je ne me rappelle que celui de la maison, *la Courtandière*.

— Comment, tu étais dans un pays dont on te cachait le nom ?

— Je ne sortais jamais de l'enclos et je ne voyais personne, Monsieur, qui eut pu me l'apprendre ?

— La vieille femme, comment s'appelait elle ?

— Julie.

— Et l'homme méchant ?

— Monsieur.

— Comment Monsieur ?

— Oui, Monsieur tout court, comme votre altesse royale.

— Quel bêlitre ! Ce n'était pas moi cependant. Jusqu'à quel âge es-tu resté là ?

— Jusqu'au moment où je suis entré dans la maison de Monsieur.

— Ah ! oui, je me souviens ! Et qui t'a fait entrer chez moi ?

— M. le Cardinal, par la recommandation de madame la duchesse de Nemours.

— C'est vrai. Voyez un peu combien j'avais oublié tout cela! Ah! ça, il y a une chose que je n'ai pas oubliée, dont je me souviens à merveille, au contraire, et qui m'a toujours étonné. Le Cardinal t'aime beaucoup?

— Je le crois, Monsieur; du moins Son Eminence me témoigne une grande bonté.

— Pourquoi diable! alors, puisqu'elle t'aime tant, t'a-t-elle mis chez moi, qu'elle ne peut souffrir.

— Ah! pour cela, monsieur, je ne me l'explique point, j'y ai pensé souvent.

— Tu l'as vu aujourd'hui ce Cardinal de malheur?

— Monsieur! interrompit Olivier d'une voix suppliante.

— Et que veux-tu qu'il me fasse! il me

renvoie à Blois, il n'en peut pas davantage. Tu l'as vu ?

— Oui, Monsieur. Il a été plus affectueux encore que de coutume. Il m'a parlé de sa fin qu'il croit prochaine, le pauvre seigneur! et m'a dit que j'aurais un sort brillant quand il n'y serait plus. Il m'a ordonné de lui écrire de Blois et de ne pas manquer d'aller au Palais-Cardinal, avant d'y retourner.

Le prince s'était étendu, pendant que le jeune homme parlait, le sommeil le gagnait peu à peu.

— Continue toujours, petit, murmura-t-il, je t'entends.

Mais avant quelques secondes écoulées il était endormi.

Olivier s'assit tranquillement sur une banquette, à côté de son maître, qu'il eut soin d'abord de bien envelopper dans son manteau, puis il se mit à penser, à rêver comme rêvent les âmes de cet âge et de ce caractère, surtout lorsqu'elles n'ont connu du monde que la souffrance. Il se rappela son enfance presque abandonnée, et pourtant le souvenir des lieux qu'il avait habités lui fit venir les larmes aux yeux. Le joli ruisseau serpentant dans la prairie, devant la maison, les paquerettes fleuries dont il composait des bouquets pour la Vierge, le joli oiseau qu'il avait élevé et qui chantait sa chanson le matin dans sa cage, le chien qui partageait ses jeux, tout cela composait déjà un passé enfoui, que cette âme poétique embellissait des mille couleurs du regret.

Il rêvait aussi des espérances nouvelles, son cœur battait au souvenir des belles dames qu'il avait vues. Mademoiselle de Condé, la charmante princesse qui devint plus tard madame de Longueville, occupait son imagination et son cœur. Il eût pu dire comme Ruy-Blas :

<small>Moi, pauvre ver-luisant, amoureux d'une étoile.</small>

Il n'avait pas soupé, nous les avons, mais il n'y songeait guère. Il veillait en même temps sur le sommeil de son maître, il écoutait tous les bruits, tremblant qu'on ne les surprît ainsi, dans ce lieu si peu fait pour servir de chambre à coucher au premier prince de la famille royale.

Il entendit bientôt parler, et des pas qui s'approchaient, la voix du duc de Beaufort dominant les autres, car il était entouré d'une grande suite de gens.

— Mon Dieu ! pensa-t-il, comment faire ?

Il cherchait à dissimuler monsieur Gaston en le couvrant d'une grande toile qui se trouvait là par terre, pour entourer les tableaux, il ne le voulut point souffrir, et se mit à maugréer, en le repoussant de toutes ses forces. Le duc de Beaufort le surprit dans cette occupation.

— Que fais-tu là, petit Olivier?

— Monseigneur, je... monseigneur... c'est Monsieur.

— Ah! oui, je devine, il s'est endormi là, comme les autres, sous la table. Je ne comprends pas qu'on soit si facile à abattre. Nous ne pouvons laisser Monsieur ici, mon appartement est au bout de cette galerie, nous allons l'y transporter.

— Si Monsieur se réveille.

— Il sera charmé de notre compagnie, sois tranquille. Il dormira mieux chez moi que chez lui. D'ailleurs je préfère l'y garder, c'est plus sûr.

— Monseigneur, Monsieur a ses domestiques, reprit le page offensé.

— Il a toi, il a Fontrailles, il en a deux ou trois autres très dévoués, ce qui reste appartient au Cardinal, je t'en réponds. Allons! ajouta-t-il, s'adressant à ceux qui le suivaient, prenez Monsieur bien doucement et emportons-le.

— Monsieur aura besoin de moi peut-être, je demande à Monseigneur la permission de le suivre.

— Ecoute, petit, tu m'as l'air harrassé de fatigue, Monsieur va dormir jusqu'à demain matin du sommeil du juste, je n'ai point de lit à te prêter, prends celui-ci, repose-toi. Je te donne ma parole de gentilhomme que, s'il se réveille, je te ferai appeler sur le champ.

— Mais, Monseigneur, je ne quitte jamais Monsieur, je couche à sa porte. Je le ferai comme de coutume, je n'embarrasserai point, permettez-moi...

— Non, te dis-je, à ton âge, il faut dormir.

Et le prenant dans ses bras, comme une nourrice enlève son poupon, il l'étendit à la place que son maître venait de quitter, il le couvrit soigneusement du manteau du prince, lui cacha les jambes avec la toile et lui dit :

— Restez ici, monsieur de Serrac, et attendez y les ordres de Son Altesse Royale, je lui rendrai compte de votre soumission.

L'enfant n'osa résister, et puis il était bien las ! à cet âge le sommeil est le premier des besoins. Il ne fut pas plutôt couché que ses yeux se fermèrent et cependant il murmurait encore :

— Si Monsieur m'appelle, on me préviendra, on me l'a promis.

Le duc de Beaufort, très jeune aussi à cette époque, était d'une beauté et d'une force remarquables. Il supportait sans faiblir le vin et les orgies. Il donna son propre lit à Gaston, se sentant capable de veiller toute la nuit et de boire encore, sans que sa tête en fût ni plus lourde, ni plus troublée.

— En vérité ce petit Olivier est une charmante créature, dit-il, au premier de ses écuyers. Laissons-le se reposer pendant que Monsieur... qu'il leur faut donc peu de chose à ces princes-là! Le sang d'Henri IV ne s'est-il donc transmis à ses enfants que par le côté bâtard. Ah! si j'avais été le fils de Marie de Médicis!

Il prenait de temps en temps au prince des bouffées d'ambition. Il se figurait un avenir de puissance, auquel il croyait presque avoir des droits. Le duc de Beaufort était brave comme son aïeul, il avait de plus que lui une franchise à toute épreuve. Mais la nature lui avait refusé l'intelligence, surtout le don de la parole ! Il ne manquait pas d'une certaine justesse d'idée, seulement il lui était impossible de les exprimer. Il tremblait, il perdait la tête aussitôt qu'on l'écoutait, et alors il débitait les choses les plus étranges. Si M. de Beaufort eût pu prendre l'esprit de son oncle Gaston il eût dominé son siècle, malheureusement pour lui ces sortes d'échanges ne sont pas possibles. Il mena une vie agitée et romanesque, qu'il termina par une mort plus romanesque encore.

Monsieur dormit en effet sans faire un mouvement, trois bonnes heures. Le duc de Beaufort s'était établi près de son lit, avec une table chargée de bouteilles et continuait le souper interrompu pour les autres par la fatigue. Gaston ouvrait les yeux et se montra très surpris de se trouver là, ne se souvenant plus de ce qui s'était passé.

— Où suis-je? demanda-t-il, en se frottant les yeux. Ah! voilà mon beau neveu de Beaufort en train de bien faire. Ah! ça, nous ne sommes plus dans la grande salle. Que signifie cela?

Lorsque Monsieur appelait les enfants du duc de Vendôme *mon neveu*, c'est qu'il était d'une humeur délicieuse! Le duc de Beaufort le savait bien, aussi s'en montra-t-il très reconnaissant.

— Cela signifie, Monsieur, que Votre Altesse Royale avait sommeil et qu'elle a daigné accepter mon lit?

— C'est bien! j'entends. Et où est Olivier?

— Il dort. Le pauvre enfant n'y voulait

point consentir, dans la crainte que Monsieur ne l'appelât. Enfin je l'ai couché de force, en lui promettant de l'envoyer chercher dès que Monsieur aurait besoin de lui !

— Faites-le appeler, je vous prie, je veux l'envoyer chez moi, savoir ce que font mes gentilshommes.

M. de Beaufort fit signe à un des officiers présent de courir à la galerie et d'en ramener le page. Il s'y rendit aussitôt et aperçut l'enfant à la même place où on l'avait laissé, roulé dans le manteau de son maître, bien reconnaissable et bien connu, à cause d'un gros diamant qui lui servait d'agrafe, et il étincelait sur l'épaule du jeune homme, le manteau étant replié deux fois. L'écuyer de M. de Beaufort toucha Olivier au bras, en l'appelant, celui-ci ne remua point.

— Les enfants ont le sommeil très dur, pensa-t-il.

Il le toucha de nouveau, un peu plus fortement, en répétant :

— Hé ! hé ! Olivier de Ressac ! debout ! Son Altesse Royale vous demande.

Même silence et même immobilité. Il en fut saisi d'étonnement.

— Il est peut-être malade, ce pauvre petit, ajouta-t-il, en approchant la lumière, le voilà bien pâle !

Il s'approcha tout à fait, releva un peu le manteau pourpre, si hermétiquement croisé sur le corps froid de l'enfant et poussa un cri d'horreur, Olivier, baigné dans son sang, avait un poignard enfoncé jusqu'à la garde dans sa poitrine !

— Mon Dieu ! mon Dieu ! ils ont assassiné cet orphelin ; que le ciel les prenne en pitié !

Et sans réfléchir davantage, il chargea le beau cadavre sur ses épaules et l'emporta. En entrant chez M. de Beaufort, où il n'arriva que couvert du sang de cette créature innocente, il le déposa aux pieds des princes, en répétant :

— Justice, Monsieur, justice ! voilà votre joli page, et l'état où on l'a réduit.

Monsieur, qui sommeillait encore un peu, se releva sur son séant, en poussant un cri d'effroi et de colère, le duc de Beaufort excité par ses nombreuses libations, se jeta impétueusement sur ce malheureux jeune homme et le prenant dans ses bras il le posa doucement sur un autre lit qu'on avait dressé pour lui-même, à côté de celui de Monsieur.

— Un médecin ! un médecin ! dit-il, il n'est peut-être qu'évanoui, on peut le sauver encore ! appelez le médecin du Cardinal, il doit y en avoir un ici pour ses gens au moins.

— Appelez Fontrailles; Monsieur, il se connaît en blessures, qu'il vienne ici vîte. Qu'on n'ébruite pas cet événement et que pas un des gens de la maison ne pénètre en cette chambre tant que nous y serons.

Pendant ce temps le duc de Beaufort, aidé de ses gentilshommes, ôtait avec précaution les habits du pauvre Olivier, sa tête inerte, pâle, mais belle à ravir, retombait sur sa poitrine, dès qu'on ne la soutenait pas. Ses yeux fermés, ses traits calmes, ressemblaient à un superbe marbre antique. Il était mort sans souffrir, sans se réveiller. On n'osa pas arracher le poignard, avant de savoir s'il vivait encore, bien qu'on ne put guère en conserver l'espérance. Son cœur ne battait plus, son pouls était muet, ses longs cheveux inondaient ses joues, et baignaient dans le sang.

— Mon pauvre Olivier! dit Monsieur, les yeux fixés sur sa blessure, mon pauvre enfant! qui me l'a tué! qu'avait-il fait à qui que ce fût au monde? Qui pouvait être l'ennemi de cet ange?

— Monsieur, répondit un gentilhomme, qui venait d'entrer, il était couvert de votre manteau?

— C'est vrai, ajouta le duc, je l'en avais entouré moi-même.

— Il était couvert de mon manteau! Voici qui prend bien une autre tournure! Il est mort à ma place sans doute, l'innocent Olivier, c'est moi qu'on a cru frapper, sa poitrine fidèle a reçu le coup.

— Ah! Monsieur! sous son toit, le Cardinal est-il bien capable d'une semblable infamie? demanda un des seigneurs présents.

— Le Cardinal a des agents qui le servent souvent plus qu'il ne le voudrait, ou du moins qu'il s'arrange de manière à désavouer en cas d'échec. Il en sera de même dans cette circonstance, j'en suis sûr. Occupons-nous d'abord de sauver Olivier, si cela est possible, nous verrons après ce qui nous reste à faire vis à vis des ennemis déclarés et des ennemis qui se cachent. Voici Fontrailles.

— Quoi! Monseigneur, s'écria celui-ci en entrant, quoi! ce pauvre Olivier... cela est-il bien possible.

— Regarde, examine, Fontrailles, le voilà.

Fontrailles mit la main sur la poitrine du page, écouta, tâta le pouls, toucha fortement les membres, pour y rappeler la sensibilité, il attendit quelques secondes.

— Tout est inutile, dit-il enfin, il est mort, son corps commence à se refroidir.

Cette sentence fut accueillie par un silence morne, et, parmi tous ces hommes de guerre, il n'en était pas un seul qui ne sentit une larme trembler à sa paupière. Quant à Monsieur, il n'y fit pas tant de façon, cachant son visage dans ses oreillers :

— Mon pauvre page, dit-il, mon pauvre Olivier, qui m'aimait tant! mort! mort! pour moi, dit-il, en sanglotant!

— Monsieur, ce n'est pas le moment de pleurer, il faut que cette mort soit vengée, et c'est à Votre Altesse Royale à le faire, reprit M. de Beaufort. Fontrailles, arrache ce poignard, auquel nous n'avons pas osé toucher, apporte-le par ici que nous l'examinions.

Fontrailles arracha l'arme avec beaucoup de peine, elle s'était fichée entre deux côtes et n'en voulait point sortir. Il la remit au duc, qui l'essuya d'abord, en examina la poignée et la lame, avec le sang-froid d'un homme tout prêt à casser la tête à quelqu'un.

— Voici une inscription sur la lame, c'est difficile à lire, ah! il y a : *Je l'aurai!* oui, c'est déjà un indice, ce stylet a dû être commandé à une intention quelconque. Maintenant le pommeau est en croix, comme les autres, mais voici un écusson au bout. Un écusson de fille, en losange, ce n'est point une chanoinesse, le cordon manque. Les armoiries sont écrasées et effacées, il est impossible d'y rien voir. Je ne m'explique pas cette étourderie d'abandonner son poignard.

— C'est une bravade, une bravade à mon adresse, dit Monsieur. Maintenant si vous m'en croyez, nous repartirons pour Paris, à l'instant même, nous mettrons ce malheureux enfant dans mon carrosse, avec un prêtre, s'il en existe dans la maison de ce prêtre sans foi. S'il y a une justice dans le royaume, si le roi mon frère est autre chose qu'un esclave couronné, il me faut une vengeance éclatante. Et dussé-je la prendre, si on me la refuse, moi aussi : Je l'aurai !

Les préparatifs de départ furent bientôt terminés; avant de quitter Rueil on interrogea la sentinelle de l'escalier, près de laquelle l'assassin avait dû nécessairement passer, à moins qu'il ne se fût évanoui en fumée. Elle assura n'avoir aperçu qu'une femme, laquelle lui avait donné le mot d'ordre, comme un habitant de la maison, et était descendue, sans montrer ni trouble, ni empressement.

— Je connaissais la présence de Monsieur dans la galerie, ajouta le garde, et j'aurais arrêté toute personne suspecte.

La sentinelle était-elle gagnée? disait-elle vrai? C'est ce qu'il était difficile de savoir; on se mit donc en route, au pas, comme il convient à une marche funèbre, les torches allumées, les mantelets du carrosse baissés. Le cortége entra ainsi dans Paris, les princes à cheval auprès de ce char mortuaire.

— Au Palais-Cardinal, messieurs! s'écria Beaufort.

La renommée apprit bien vîte à Son Eminence quelle visite elle allait recevoir.

IX

Les Adieux.

Cependant Jacques était resté de longues heures dans la chambre de Radegonde, sans avoir vu personne, sans qu'on fût venu lui donner des nouvelles de ce qui se passait au château. Sans la présence de Gournay, qui le retenait à force de raisonnements et de prières, il eût déjà essayé vingt fois de sortir, et se fût livré à ses ennemis. La nuit était passée, les rayons du jour tombaient d'aplomb par la fenêtre, M. de Maulevrier l'entr'ouvrit, pour respirer l'air frais du matin, il regarda un instant le ciel, admira le réveil splendide de la nature, écouta les premiers chants des oiseaux, voltigeant dans le feuillage, et se sentit un peu plus tranquille.

— Oh! si je pouvais la voir! pensa-t-il, si je pouvais errer avec elle là-bas, sous ces belles allées qui nous ont abrités si souvent! Tout est-il donc fini entre nous?

— Monsieur, il ne faut jamais désespérer, et je crois surtout qu'en ce moment, notre devoir est de penser à vivre, sauf à savoir ensuite ce que nous ferons de la vie.

— Gournay, tu n'es pas menacé de perdre Isabelle !

— Non, monsieur, mais je suis menacé de perdre mon cou, ce qui m'intéresse tout autant, je ne vous le cache pas.

Il était plus de midi avant que personne ait paru, l'impatience de Jacques devenait de la colère, et bientôt Gournay commença à douter de sa puissance à le retenir. Au coup de l'*angelus*, Radegonde entra.

— Enfin ! s'écria Jacques.

— Oui, enfin ! répondit-elle, j'ai bien tardé, en effet. Mais hélas ! j'apporte de tristes nouvelles.

— Isabelle ?... demanda-t-il avec anxiété.

— Elle viendra elle-même ce soir.

— Et que m'importent alors les tristes nouvelles, puisque je la verrai.

— Même la mort de madame de Saulieu,

dont les bontés pour vous se sont produites jusqu'au dernier moment.

— Quoi! madame de Saulieu...

— N'a plus que bien peu d'heures à vivre. Ce n'est pas tout encore.

— Qu'y a-t-il de plus?

— Le château est rempli des gens de Son Eminence, ils y doivent rester pour en prendre possession, c'est à dire pour y tenir garnison quelques semaines, afin de vous saisir, si vous paraissiez. Comment vous sauver à présent?

— Je ne me sauverai point, je resterai ici, dans cette chambre, autant qu'eux. A ton âge, Radegonde, on n'en médira pas.

— Ce n'est pas tout encore!

— Eh! mon Dieu! que vas-tu m'apprendre? Je suis préparé à tout.

— Mademoiselle vous en instruira elle-même. Qu'elle est malheureuse, cet ange du ciel! tout l'accable à la fois. Quel courage il lui faut pour y résister ! maintenant je suis venue quelques minutes, pour vous donner de la nourriture et calmer votre impatience, que je conçois. Il me faut vous quitter, mon absence serait remarquée. Gardez-vous de vous montrer, si vous tenez à la vie et si vous ne voulez pas nous perdre tous. Priez Dieu, pour qu'il vous console.

Elle déposa sur la table ce qu'elle avait pu se procurer à l'office sans élever de soupçons, puis elle remonta près de la marquise, qui l'avait déjà demandée trois fois. Vers deux heures les jeunes gens entendirent tinter tristement la cloche de la chapelle, elle sonnait l'agonie de la meilleure des femmes, de celle qui dans toute son existence, n'avait jamais fait que du bien à tous.

Un sentiment religieux et un regret sincère les saisirent. Ils s'agenouillèrent et s'unirent d'intention à ceux qui parlaient à Dieu de cette âme sainte. Elle allait quitter ce monde pour un monde meilleur, ce n'était point elle qu'on devait plaindre.

— Ah! dit M. de Maulevrier, le cœur brisé, en songeant à la douleur d'Isabelle, elle eût été pour moi une si bonne mère!

La cloche tintait toujours.

— Ce glas dure bien longtemps! comme elle souffre avant de mourir, cette chère mère! Isabelle est là près de son chevet. Que ne puis-je prendre la moitié de son affliction!

Le glas s'arrêta, on entendit le bruit de l'étendard placé sur la plus haute tour et dont les plis s'enroulaient à la hampe, au moment où on allait le descendre, en signe de deuil. Un maître-d'hôtel avait déjà crié, selon les anciens usages, observés scrupuleusement dans cette maison.

— La dame et maîtresse du château, bourg et dépendances de ce marquisat de Saulieu est maintenant madame Isabelle de Saulieu, marquise de Fouquerolles; tous lui doivent obéissance.

— Si je le permets! murmura sa tante, en serrant sa main contre sa poitrine, c'est ce que nous verrons !

Les serviteurs en larmes venaient tour à tour à côté du lit de la marquise, la contempler une dernière fois et prier pour elle, près de sa dépouille mortelle.

Les deux petites filles et leurs maris se tenaient debout à la tête, madame de Saulieu, presque cachée sous les rideaux restait en face. Isabelle ne pleurait pas, elle n'avait plus de larmes. Tout ce qui s'était passé depuis la veille lui semblait un songe.

Près de madame de Saulieu un jeune garçon de dix-sept ans environ, regardait curieusement ce spectacle nouveau pour lui, ses traits n'exprimaient ni émotion, ni sympathie. Il ne parlait à personne, nul ne s'occupait de lui, c'était un étranger pour tous. M. de Ravière seul paraissait le connaître et lui adressait de temps en temps un signe, qu'il ne comprenait point, ou qu'il ne se souciait pas de comprendre.

Quand la cérémonie des adieux fut terminée la famille resta seule.

Madame de Saulieu avait remis son masque, elle s'avança vers Isabelle.

— Madame! lui dit-elle, je dois partir maintenant, ma mission est terminée. Vous n'oublierez pas plus que moi, je suppose, ce qui s'est passé cette nuit. Lorsque vous aurez besoin de moi, adressez une lettre à madame de Villers, au couvent des Ursulines, à Chaillot, elle me parviendra. Je laisse ici des hommes à moi, selon l'ordre que j'en ai reçu. Je serais bien malheureuse si une désobéissance de votre part amenait encore un malheur sur cette maison, c'est à vous d'y veiller. Adieu !

Et cette femme quitta l'œil sec le cadavre de sa mère, à peine refroidi, qui était morte sans l'embrasser !

— Madame ! dit le marquis de Fouquerolles, lorsqu'elle fut partie, j'espère bien que vous n'écrirez jamais au couvent des Ursulines de Chaillot.

Le chapelain et madame Legrand s'établirent près des restes de la marquise, avec toutes les femmes de la maison, pour faire la veille des morts.

Les jeunes époux exigèrent de leurs femmes qu'elle prissent un peu de repos.

Isabelle consentit à suivre M. de Fouquerolles, elle ne voulait pas descendre à son insu vers Jacques. Il lui semblait horrible de manquer de confiance envers celui qu'elle venait d'accepter pour maître, pour compagnon de sa vie.

— Monsieur, lui dit-elle, lorsqu'ils furent seuls. Nous ne sommes point en un jour de noces et de joie, bien que nous ne soyons unis que depuis hier. Nous nous connaissons de longue date, vous savez assez que je suis incapable de vous tromper, pour ne pas le craindre; permettez-moi d'entrer une heure dans la chambre de Radegonde, et permettez-moi ensuite de rester seule chez moi, au moins jusqu'à ce que nous ayons rendu les derniers devoirs à mon aïeule. Je vais remplir un devoir douloureux, je vais passer un des moments les plus pénibles de ma vie, j'ai besoin de toute ma force, de tout mon courage, pour cette épreuve. Comptez sur moi, monsieur, je ne vous manquerai jamais.

M. de Fouquerolles était amoureux et jaloux; mais M. de Fouquerolles ne voulait pas, en des circonstances semblables, blesser le cœur de sa femme, et se l'aliéner à jamais peut-être. Il la laissa libre et lui accorda tout ce qu'elle demandait.

Elle descendit donc, plus morte que vive, et Jacques la vit entrer au moment où il ne l'attendait plus.

— Ah! mon Isabelle! s'écria-t-il, en se précipitant vers elle.

— Jacques... Monsieur... murmura-t-elle, et elle le repoussait doucement.

— J'ai cru ne plus vous revoir, et j'en serais mort ma bien aimée.

— Vous savez le malheur qui m'a frappée, continua-t-elle, toujours froide et sérieuse.

— Je le sais.

— Mais vous ne savez pas tout encore, c'est à moi qu'il est réservé de vous l'apprendre. Ah! ne me regardez pas ainsi, car je n'en aurais pas la force. Jacques! mon pauvre Jacques!

Elle se mit à pleurer, ses larmes la soulagèrent.

— Hélas! j'ai donc été maudite dès ma naissance, depuis que je vis je souffre, et toujours par ceux qui tenaient mon bonheur en leurs mains. Maintenant je n'ai plus rien à attendre ici-bas, mes espérances sont envolées, mon sort est fixé, j'ai dû obéir à ma grand'mère sur le lit de mort, je suis mariée.

M. de Maulevrier ne répondit rien, ne fit

pas un geste, pas un mouvement, il semblait changé en statue.

Isabelle lui prit la main, ses larmes tombaient une à une sur ces deux mains unies par l'amour et séparées par le devoir.

— Pardonnez-moi, mon ami, je suis la première victime, car je serai plus malheureuse que vous, dans cette union que je déteste ; vous restez libre, vous n'avez à cacher ni vos pleurs, ni vos regrets. Vous pouvez essayer de guérir votre cœur, vous en avez les moyens, la possibilité, je ne pourrais, moi, que me taire et louer Dieu de vous avoir ôté cette immense douleur d'un amour sans espoir.

— Isabelle ! et vous y avez consenti !...

— Mon ami, c'était une dette d'honneur, c'était la dette de notre nom, contractée par mon père, pour sauver celle... même à vous je ne dois point révéler ce secret. Qu'eussiez-vous fait à ma place? Vous eussiez acquitté la dette, et moi j'aurais dit ce que vous allez me dire : Jacques, vous avez bien fait.

— Elle me l'avait prédit! s'écria le malheureux jeune homme, en frappant sa tête, que je serais forcé de vous admirer encore.

— Je ne sais ce que vous voulez dire, Jacques, mais depuis deux jours il se passe autour de moi tant de choses merveilleuses, que je comprends et crois tout. J'ai vu mourir ma pauvre grand'mère, dans les circonstances les plus incroyables. J'ai vu des spectres évoqués autour de son lit; j'ai vu M. de Ravière accourir, lui qui venait de partir à peine, amenant un jeune homme étranger, dont ma grand'mère seule a su le nom et l'origine, et qu'elle a fait placer au milieu de nous. J'ai vu tout cela, je peux tout croire.

— Oh! oui, il faut tout croire puisqu'Isabelle de Saulieu a pu abandonner celui qui reçut sa foi. Oui, il faut que toutes les impossibilités soient possibles, puisqu'il s'est trouvé des nécessités assez impérieuses pour la rendre parjure. A présent je douterais de moi-même, je douterais de Dieu, qui a permis une telle action.

— Ne doutez pas de Dieu, Jacques; priez-le, au contraire, lui seul vous donnera la force de supporter vos douleurs. Nous allons nous séparer aujourd'hui, nous ne nous reverrons que dans l'éternité. Je ne manquerai point volontairement au serment que j'ai prononcé devant mon aïeule sur le bord de sa tombe. Je resterai l'épouse irréprochable de celui que j'ai accepté. Je n'ai plus de droits à votre amour, mais je veux conserver votre estime, je ne vous reverrai jamais ; si nous nous revoyions nous aurions trop de luttes, trop de combats à livrer, fuyons les tentations, vivons honnêtement, dans la crainte du Seigneur et dans l'approbation du monde, nous nous réunirons ensuite là-haut, pour ne plus nous quitter.

— Ah! partons donc ensemble alors et de suite, s'il se peut, car je sens que pour moi, mon exil ici-bas ne durera pas longtemps.

— Votre sûreté personnelle est, à présent, la seule chose qui m'occupe. J'espère parvenir à vous sauver. Restez ici quelques jours, Radegonde se contentera du cabinet, j'avouerai à M. de Fouquerolles votre présence ici, il m'aidera à trouver le moyen de tromper les espions qu'on nous a laissés. Je n'ai pas d'amour pour lui, mais je rends justice à ses qualités généreuses, il est incapable d'une mauvaise action.

— Et que m'importe! je veux me livrer, au contraire, j'en veux finir ainsi avec la vie. ce fardeau désormais inutile à celui qui n'a plus d'avenir à y placer.

— Jacques! Jacques! croyez-vous donc que je ne vous aime plus? Votre vie n'est-elle pas ma vie? Votre gloire n'est-elle pas ma gloire? Ayez pitié de moi, si vous n'avez pas pitié de vous. Adieu, l'heure s'écoule, il faut partir, adieu, mon premier, mon unique amour. Soyez heureux, soyez grand. Oubliez-moi, puisqu'il faut m'oublier, afin de ne plus souffrir.

— Vous m'oublierez donc, vous?

— Moi! vous oublier, mon Dieu! ah! je ne me souviendrai que trop.

— Madame, dit Radegonde, qui s'était tenue avec Gournay dans le cabinet voisin, pendant cette conversation, madame, pardonnez-moi, mais il est temps de rentrer, on s'apercevrait de votre absence, on vous chercherait.

— Tu as raison, Radegonde, hélas! tu n'as que trop raison, je ne suis plus libre. Adieu, Jacques, adieu encore, adieu toujours.

Par un mouvement spontané ils se jetèrent dans les bras l'un de l'autre, ce premier et suprême embrassement résumait tout le bonheur de leur vie. Ils restèrent ainsi quelques instants, confondant leurs larmes; sans que leurs lèvres se touchassent, chastes et purs jusques dans leurs regrets.

X

Un Mystère.

Le lendemain de ce jour, dans la cabane des bords de la Vive, où nous avons laissé Ryna, au coucher du soleil, la magicienne avait ouvert toutes ses fenêtres, et, placée près de la plus grande, elle respirait l'air du soir. Il faisait une de ces chaleurs lourdes, qui précèdent un orage, par lesquelles les fleurs exhalent un parfum plus pénétrant; Ryna, comme toutes les natures nerveuses, était fort accessible aux variations de l'atmosphère, elle se sentait mal à son aise et cependant cette torpeur, qui allourdissait ses membres, ne manquait pas d'un certain charme. Elle n'eût point voulu la secouer, elle était bien, avec cette souffrance. Le soleil se couvrait de gros nuages noirs, chargés d'électricité et de grêle. Asmodée, accablé par la chaleur, s'était couché aux pieds de sa maîtresse, tout à coup il se releva et s'élança vers la porte, en aboyant comme un furieux.

— Quelqu'un encore, murmura-t-elle, sans relever à peine la tête.

— Il fera une terrible nuit, la vieille, répondit une grosse voix, et j'espère bien que vous ne refuserez pas l'hospitalité à deux pauvres diables, qui n'ont pas le moyen de la demander à une hôtellerie.

Ryna se releva de toute sa hauteur et montra sa bizarre et imposante figure; elle se trouva en face de deux hommes, un vieux et l'autre jeune, mais vigoureux et bien découplés tous les deux. Leurs habits annonçaient la misère, et la misère honteuse. Ils étaient propres, quoique recousus et raccommodés sur toutes les coutures. Le plus âgé, d'une physionomie résolue et cauteleuse tout à la fois, montrait ses traits avec l'assurance d'un homme qui n'a rien à craindre. Le plus jeune, au contraire, se tenait derrière lui et cherchait évidemment à se cacher, soit par timidité, soit par honte, soit par tout autre cause.

Ryna les examina longtemps avant de répondre.

— Vous demandez l'hospitalité pour cette nuit? dit-elle enfin.

— Oui, la bonne mère.

— Vous me croyez folle, je pense, d'accueillir deux aventuriers, qui en veulent à mon argent, à ma vie peut-être, dans cette maison isolée et loin de tout secours.

— Nous ne sommes pas des aventuriers et votre supposition nous offense. Ma bonne amie, nous sommes d'honnêtes gens, qui cherchons de l'ouvrage pour vivre et qui ne dérobons rien à personne.

— Allez à Vivonne!

— A Vivonne, il faudra payer, et nous ne possédons rien.

Ryna réfléchit encore.

— Eh bien, soit, restez! que m'importe? je ne serai pas seule longtemps.

Les deux hommes se regardèrent, Ryna surprit ce regard.

— Ecoutez, leur dit-elle, en marchant vers une armoire, d'où elle tira deux pistolets, longs comme de petits fusils. Si vous avez de mauvais desseins, vous n'aurez pas bon marché de moi, je vous en avertis. Si vous me croyez riche, vous vous trompez encore, vous pouvez chercher dans tout le logis, vous y trouverez à peine de quoi fournir à ma nourriture journalière la plus simple, la plus frugale, ce n'est donc pas la peine de vous exposer pour si peu.

— Nous n'avons contre vous aucuns mauvais desseins, je vous le jure, pourtant..... ne nous en veuillez pas si nous ne sommes point tout à fait ce que nous paraissons.

— Ah! je m'en doutais! s'écria-t-elle.

— Non, nous sommes d'honnêtes gens, soyez-en sûre, mais des gens curieux.

— Dites-le donc tout de suite; je suis

accoutumée à ces sortes de visites, et voilà la pierre de touche que j'emploie.

Elle montrait ses pistolets.

— Oui, nous sommes des curieux, honteux peut-être mal à propos, nous n'avons pas osé venir tout simplement à vous, comme tout le monde. Le bruit de votre science se répand dans tout le pays, on ne parle à dix lieues à la ronde que de vos prophéties merveilleuses, nous avons voulu savoir par nous-même si la renommée ne mentait point, nous sommes venus.

Pendant qu'ils parlaient, Ryna les regarda fixement. Elle étudiait leurs physionomies; celle du plus âgé attira davantage son attention, elle la scruta dans tous ses replis.

— Ah! dit-elle, à voix basse, vous voulez connaître votre destinée, c'est bien!

Elle s'approcha de la table et toucha ses

cartes; aussitôt les trois chats sautèrent à leur poste, leurs yeux fauves n'avaient jamais brillé d'un éclat plus sauvage.

Ryna mêla ses tarots, en étala quelques-uns, puis elle les remit ensemble en appuyant sa tête sur sa main, elle étendit l'autre vers celui qui l'interrogeait.

— Je n'ai même pas besoin d'un secours étranger pour vous révéler votre vie, je la vois en vous, je la connais en vous étudiant, elle est tout entière dans les lignes de votre visage, dans vos regards, dans votre sourire.

— Vraiment?

— Ecoutez et démentez-moi, si je me trompe.

Elle plongeait ses prunelles ardentes dans l'âme de cet homme, sur lequel la fascination commençait à opérer, il se sentait rougir, il se troublait malgré lui, et il répétait à demi-voix, sans s'en apercevoir peut-être :

— Je ne veux pas !

— Oh ! vous ne voulez pas, je le sais bien, mais moi je le veux, mais vous êtes venu ici me consulter et vous écouterez tout ce que j'ai à vous dire. Ah! vous ne voulez pas, monsieur le gentilhomme déguisé, vous ne voulez pas entendre la voix qui va vous rappeler votre passé, pour vous faire croire à votre avenir.

— Parlez à ce jeune homme, parlez-lui, c'est lui surtout qui désire savoir...

— Après, il aura son tour, à vous d'abord. Je vous vois, je vous vois à l'âge de cet enfant, plus jeune encore, je vous vois dans un château magnifique, sur le bord d'une rivière, une rivière large et profonde, vous l'avez sondée, n'est-ce pas?

L'étranger frissonna des pieds à la tête et devint plus attentif encore.

— Vous aviez, oui, vous aviez un cousin... un ami, c'était une bonne et loyale nature, celui-là, il vous aimait, et vous le haïssiez, vous! oh! vous le haïssiez bien, car vous l'avez haï même après sa mort, même dans sa postérité innocente. Est-ce vrai?

— D'où savez-vous cela? qui vous l'a dit? répliqua-t-il vivement, l'œil en feu, les lèvres serrées.

— Vous même et votre physionomie, monsieur, vos habitudes de corps, vos gestes, rien ne m'échappe, je lis dans l'être entier de celui qui me consulte comme dans un livre. Vous haïssiez cet homme, parce qu'il était plus beau que vous, plus riche, plus noble et surtout plus aimé. Sa fiancée, jeune et belle héritière, humiliait votre orgueil. Vous aimiez sa sœur, vous n'osiez le lui déclarer, elle était hautaine, fière, et vous saviez qu'elle ne voudrait pas de vous, orphelin, élevé par charité dans la maison de sa mère.

— Ce ne sont point les lignes de mon visage qui vous apprennent tout cela, s'écria-t-il, en se levant furieux et la menaçant presque du poing, vous me connaissez.

— Attendez, attendez encore. Je ne vous connais point, mais je vous juge, il suffit pour cela de vous voir. Un personnage de haut rang avait une habitation de campagne dans les environs. Ce personnage, très éminent déjà, l'est devenu depuis bien davantage. Il vit celle que vous aimiez et il en devint amoureux, en même temps il faisait séduire une autre demoiselle noble, qui se croyait la seule adorée. Ceci ne vous regarde pas, pourtant vous le saviez, oui, vous le saviez !

Ses yeux étaient fixés sur ceux de cet homme avec une tenacité et une persistance telle qu'il baissa les siens.

— Vous aviez deux buts : la vengeance et l'ambition. Ne pouvant humilier votre famille, vous résolûtes de la perdre. Votre cousine avait, comme vous, plus que vous peut-être, des instincts mauvais, vous vous appliquâtes à les développer. Vous lui mîtes au cœur un amour insensé pour cet être qui ne pouvait pas être son mari, et, afin de détourner les soupçons, vous amenâtes auprès d'elle un homme de basse naissance, qui fut son jouet et le vôtre ; il se crut aimé, il accepta la responsabilité d'un enlèvement, et... et c'est alors que vous fûtes bien certains tous deux que la rivière était profonde.

L'étranger bondit avec une impétuosité terrible, il frappa son poing sur la table, en s'écriant :

— Assez! assez! je n'en veux pas apprendre davantage, vous êtes le diable ou son premier suppôt. Personne ne connaît ma vie, et vous me dévoilez ma pensée la plus secrète; assez, vous dis-je, je ne veux pas rester une minute de plus ; partons.

— L'orage est venu pourtant, seigneur en guenilles ; il est venu terrible, il est venu à votre appel, et vous l'avez oublié, et il éclate sur votre tête sans que vous l'entendiez. La justice de Dieu est ainsi, Philippe, elle se fait attendre quelquefois, mais elle vient.

— Vous savez mon nom, vous le savez aussi; mais qui donc êtes-vous?

Il la prit par la main et la traîna à la fenêtre, où le jour douteux de l'orage éclairait encore. Elle le suivit sans résistance, il plongea ses regards dans les siens et rencontra ses prunelles de feu, qui brûlaient et pénétraient comme des étincelles. Il laissa tomber sa main, attéré sous la voix de la conscience et sous la frayeur qui le dominait.

— Je ne te connais pas, murmura-t-il, tu n'es pas un être de ce monde.

Ryna arracha une des torchères dont le mur était orné, courut vers un petit brasero brûlant dans le coin de la chambre, malgré la chaleur, alluma sa torche et revenant vers l'inconnu, resté à la même place, elle en éclaira son propre visage.

— Regarde bien, dit-elle, car tu ne m'as pas vue, regarde-moi pour être sûr que tu ne me connais pas; regarde-moi, car plus d'une fois dans ta vie, tu me reverras; tu me reverras comme le spectre vengeur de ton passé, comme le remords vivant de tes crimes. Va, tu peux partir, la foudre ne t'écrasera pas, Dieu a sur toi d'autres desseins, il te reste encore une tâche de sang à accomplir, une expiation à ordonner; après, la Providence est immuable et elle est là pour tous, pour les coupables et pour les malheureux. Va, tu peux partir, Philippe!

En parlant, elle marchait sur lui, brandissant sa torche, et le forçait à reculer, il baissait la tête et courbait sa haute taille; cette femme portait en elle je ne sais quel prestige auquel il était impossible de résister. Elle eût fait croire à une vision surnaturelle; les éclairs l'entouraient, le tonnerre accompagnait sa voix sans la couvrir, et le bruit des éléments déchaînés retentissait autour de cette chaumière et l'ébranlait jusque dans ses fondements. Philippe, troublé au point de ne plus savoir ce qu'il faisait, s'élança par la porte ouverte et disparut au milieu des torrents de grêle et de pluie. Ryna, tenant toujours sa torche haute, essaya d'éclairer sa route, mais la lumière vive rendait l'obscurité plus frappante autour d'elle. Elle rentra donc dans sa maison, sans penser qu'il s'y trouvait encore un hôte, le jeune homme amené par Philippe. Au lieu d'être tremblant et effrayé dans le coin obscur de la chambre, il restait debout au milieu, impassible, ce qui chez un enfant de cet âge annonçait une force de caractère peu commune.

— Madame, dit-il avec le plus grand sangfroid, lorsqu'il vit Ryna un peu remise de son émotion, et se rapprochant d'elle, absolument comme s'il ne s'était rien passé, madame, je suis venu ici pour connaître ma destinée, je vous paierai bien, je suis riche. Je ne m'en irai pas sans que vous me l'ayez révélée. Je ne crains point que vous dévoiliez mon passé, je n'en ai pas, mais je veux avoir un avenir, et je ne serais pas fâché de le méditer d'avance, je serai plus sûr de mon fait.

— Ah! oui, répliqua la devineresse, vous en êtes déjà là à votre âge, mon jeune seigneur. Voilà qui prouve une résolution un peu ferme et peu de tendance à vous laisser prendre par les événements. Donnez-moi votre main, nous en saurons bien vite davantage.

Il lui donna la main sans trembler, elle l'examina longtemps.

— Que demandez-vous?

— Serai-je riche?

— Pas toujours, souvent, néanmoins.

— Serai-je puissant?

— Pour mal faire, oui.

— Serai-je heureux?

— Comme le bourreau qui sacrifie ses victimes.

— Et ma fin, que sera-t-elle?

— Oh! votre fin! Elle se mit à rire amèrement, votre fin, elle sera digne de votre vie; vous finirez dans un manteau de pourpre, avec un sceptre à la main et une couronne sur la tête.

— Femme, ce que tu me dis là est sûr?

— Aussi sûr que vous me serez funeste, non pas dans moi-même, mais dans ce qui m'est cher. Quel lien y a-t-il entre nous? Je l'ignore, pourtant il y en a un; pourtant un grand, un affreux malheur me menace à cause de vous; le plus grand, le plus affreux qui puisse m'arriver. Si cela est, si je ne me trompe pas, car je me trompe quelquefois, surtout après une vision aussi claire que celle que je viens d'avoir, si je ne me trompe pas, prends garde à toi, jeune homme, c'est moi qui me charge de ton horoscope.

— Riche, puissant, heureux, la couronne, le sceptre! Ah! je te remercie, répondit-il; il n'avait pas même entendu le reste, puisque cela ne le regardait pas.

Il oubliait son compagnon, perdu peut-être dans quelque fondrière, ou écrasé par la chute des arbres que le vent déracinait. Il regarda quelques instants à la porte, toujours avec le même calme, et tirant de sa poche une bourse bien garnie, il la déposa sur la table où Ryna s'appuyait encore.

— Voilà ton salaire et le loyer de ta bicoque pour cette nuit, je ne m'en irai point par un temps semblable.

— A ton aise! seulement tout à l'heure

il va me venir compagnie ; si elle ne te convient pas, tu n'auras à t'en prendre qu'à ton caprice.

Comme si elle eût évoqué un fantôme, une grande figure noire parut sur le seuil.

XI

Pressentiments.

La personne qui entrait était un homme âgé, de haute taille, à barbe blanche, mais d'une vigueur peu commune. Il secoua son chapeau couvert de pluie, jeta son manteau tout mouillé sur un escabeau, et dit à Ryna d'un air de bonne humeur.

— Vous auriez bien dû me prêter votre manche à balai du sabbat pour me rendre jusqu'ici. Quand on donne de tendres rendez-vous à nos âges et après plus de trente ans de connaissance, il faudrait mieux choisir son temps, ce me semble.

— Soyez le bienvenu, répondit-elle, par tous les temps ; croyez-vous que nos autres amis se laissent effrayer, et que la réunion ne puisse avoir lieu cette nuit.

— Ah! nous ne sommes pas seuls, je ne m'en étais pas aperçu. Quel est ce jeune cadet?

— Un néophite de la science ; il est venu me trouver pour connaître son avenir.

— Il ne pouvait pas mieux s'adresser, vous êtes la correspondante du destin. Et lui avez-vous prédit beaucoup de bonheur ?

— Demandez-le-lui.

— Etes-vous content de votre horoscope?

— Que vous importe ? Adieu, madame.

Il passa fièrement près du vieillard, qu'il toisa des pieds à la tête, toucha à peine le bord de son chapeau, croisa son manteau sur sa poitrine et sortit aussi tranquillement que s'il eût fait le plus beau temps du monde. On entendit le bruit de ses pas sur la terre et dans les flaques d'eau, puis tout à coup on ne les entendit plus.

— Vrai gibier de potence ! dit le vieillard en le regardant partir.

— Je n'aime point cet enfant, mon ami, je ne sais qui il est, mais il y a en lui quelque chose qui me repousse. Depuis qu'il est entré chez moi j'éprouve un malaise indéfinissable, qui me fait prévoir un malheur.

— Et quel malheur pouvez-vous craindre, vous, Ryna?

— Pour moi, oh! rien. J'ai tout éprouvé, mais pour lui!

— Il est heureux, il est tranquille, il est aimé de tous, il a la plus haute protection du royaume, rien à craindre, vous dis-je. Vous vivez de chimères.

— Et moi je vous dis qu'ils a dans la destinée de celui qui s'en va une étoile dominatrice de la mienne et de celle qui pour moi est le seul astre du firmament. Je l'ai vue?

— Folie!

— Depuis quand traitez vous ma science de folie, Georgio? Avez-vous donc perdu la mémoire?

— Non, non, ne me rappelez rien, ne

parlons pas du passé. Au présent, s'il vous plaît. Avez-vous des nouvelles?

— Tout à l'heure.

— Lesquelles?

— Le marché a été conclu, accepté, payé, le tout avec une audace inouïe, en présence de celui que vous savez, plus audacieux même que tous les audacieux possibles.

— Nous devons nous attendre à tout alors.

— Et nous sommes prêts. Ah! cet homme est un puissant génie, il sait tout, il devine tout, mais il ne sait pas encore assez jusqu'où peut aller la vengeance d'une femme, nous le lui apprendrons.

— Il se connaît pourtant en vengeances.

— En vengeance brutale, oui, la vengeance du fort contre le faible, la vengeance qui a des bourreaux et des soldats, mais la vengeance de la créature misérable contre la dominatrice, mais la patience qui mine sourdement, chaque jour, sans se révéler; mais la volonté qui devient si immense qu'aucun pouvoir ne peut la dompter, celle-là il l'ignore, et c'est moi qui la lui apprendrai.

— L'Italien a-t-il envoyé?

— Non.

— Ne nous trahit-il pas?

— Non, il me craint. Et d'ailleurs, que pourrait-il trahir? Il ignore tout.

— Le temps empêchera sans doute nos deux rêveurs de se montrer. Les expériences sont impossibles cette nuit, vous ne pourriez pas dresser le thème de nativité d'une puce.

— Ils viendront demain alors. Qu'importent ces instruments? L'essentiel est de les avoir tous prêts au jour désigné; d'ici là ils se croient astrologues; qu'est-ce que cela nous fait, si cela les amuse?

Un coup de tonnerre d'une violence épouvantable retentit en même temps que l'éclair; la foudre tomba sur un des grands arbres dont la maison était entourée et le mit en cendres. Les nerfs d'acier du vieillard ne bougèrent point, à peine fronça-t-il le sourcil, mais Ryna jeta un cri horrible et tomba anéantie sur un siége. En même temps tous les hibous se mirent à chanter en battant des ailes, et les chats effarouchés sautaient après les murs, en poussant des miaulements désespérés; quant à Asmodée, assis sur ses pattes de derrière, il hurlait d'une manière déplorable. On eût dit le vrai sabbat, dont Georgio avait parlé en entrant. Après quelques secondes, ces agitations se calmèrent, mais la grande lueur de l'arbre qui brûlait, malgré les torrents de pluie, illuminait tout ce paysage : c'était beau d'horreur et de poésie sauvage.

— Ceci n'est point bon, reprit, toujours avec le même calme, ce vieillard singulier. Cet arbre n'est pas loin de votre logis, les flammèches peuvent arriver jusqu'ici et nous procurer un bûcher dont nous ne nous soucions guère.

— Ma maison a été bâtie en huit jours, avec une faible somme, si elle brûle on la reconstruira ailleurs. Et puis le vent ne souffle pas de notre côté, il va comme une trombe vers cette grande prairie, l'herbe mouillée ne s'enflammera pas, l'arbre est isolé, rien n'est à craindre. Cette torche allumée par le feu du ciel nous éclaire admirablement, nous pourrions donner une fête à cette lueur, que vous en semble?

— Ma chère amie, vous avez là de vilains animaux, parfaitement mal élevés et insupportables. Ils hurlent pour un coup de tonnerre, comme si nous étions au moment du dernier jugement. Qu'avez-vous besoin de toute cette arche de Noé ?

— Georgio, vous êtes bien toujours le même, toujours l'ironique, le moqueur, l'insulteur en toutes choses.

— Et pourquoi changerais-je ? Je ne vois pas ce qui j'y gagnerais.

Ryna ne répondit point, elle se promenait dans la chambre, les bras croisés et les yeux au ciel. Une agitation fiévreuse la dominait, elle prononçait des mots sans suite, elle souffrait évidemment et beaucoup.

— Georgio, dit-elle enfin en s'arrêtant devant lui, vous pouvez vous moquer de moi, si bon vous semble, mais je ne sais quel pressentiment me pousse, il faut que je parte, il faut que j'aille à Paris, que je *le* voie.

— Vous êtes plus folle que je ne le croyais.

— Oui, j'ai un cœur que vous n'avez pas, que vous n'avez jamais compris, que vous êtes incapable de comprendre. Je n'aime plus qu'un être au monde, mais je l'aime! ah! je l'aime! de toute la force de mes autres affections réunies en lui seul. Mon épouvantable histoire m'a servi de leçon, j'ai fermé mon âme à tous les sentiments, hors à celui-là. Je suis inaccessible même à la pitié. J'ai tant souffert! eh! bien, cet être, mon idole, mon bonheur, cet être est menacé d'un danger quelconque, je le sais, j'en suis sûr, et je veux aller près de lui, je veux le défendre, le préserver, le... oh! non, non, je ne pense pas même que cela soit possible, pour le venger il faudrait que j'arrivasse trop tard, et cela ne sera pas, cela ne se peut pas.

Georgio la regardait avec une sorte de dédain.

— Une pareille intelligence réduite à cet état, murmura-t-il.

— Je veux partir! je veux partir à l'instant.

— Je ne vous accompagnerai pas, il faut que je reste en ce pays, vous le savez.

— Qu'ai-je besoin de vous? qu'ai-je besoin de personne? ne suis-je pas plus forte que tous?

Elle s'approcha d'une plaque d'airain attachée à la muraille et frappa un coup sonore, dont le bruit retentit comme une grosse cloche. Un homme, jeune encore, à la mine intelligente, parut comme par enchantement à une petite porte, si artistement cachée que rien ne pouvait même la faire soupçonner.

— Ma litière, je veux partir.

La porte se referma sans bruit et sans peine.

— Attendez au moins la fin de l'orage!...

— Pas une heure, pas une minute. A Poitiers je trouverai une chaise de louage sans doute, je la prendrai pour arriver plus vîte, dût-elle se briser en chemin.

— Quand reviendrez-vous?

— Que sais-je? Quand je serai tranquille. Adieu!

Deux mulets portant une litière se présentèrent à la porte, guidés par le valet.

Ryna jeta un adieu à son compagnon, plaça auprès d'elle ses pistolets, dans sa poche une bourse bien garnie, et s'élança dans sa litière dont les rideaux se refermaient au moment où elle disait :

— A Poitiers ! par le plus court et au plus vîte.

XII

—

Le Lendemain des Noces.

Le château de Saulieu, plongé dans le deuil, offrait un coup d'œil étrange à qui aurait eu le loisir de l'observer.

Les domestiques affairés couraient du haut en bas de l'édifice, les uns pour les préparatifs de la cérémonie funèbre, les autres pour les arrangements du départ de leurs jeunes maîtresses, car aussitôt après l'enterrement de la marquise, les deux couples devaient se mettre en route pour Paris.

Radégonde, sentinelle vigilante, quittait le moins qu'il lui était possible sa chambre ou les environs, afin de dérober les prisonniers à toutes les recherches.

Madame Legrand, dont la tâche était terminée, avait, d'après le testament de la marquise, un asile assuré pour toute sa vie à Saulieu, et une pension digne de la magnificence de cette maison.

Madame d'Oston n'avait pas paru depuis la veille. Elle était heureuse, car son cœur et son devoir se trouvaient d'accord, elle aimait son mari, avec la tendresse et l'ingénuité de son âme. Le pacte qu'elle venait de faire était signé par sa volonté et les larmes que lui coûtait la mort de son aïeule lui semblaient moins amères, essuyées par une main chérie.

Isabelle, au contraire, enfermée dans son appartement, ne trouvait aucun adoucissement à ses vives douleurs. En quittant Jacques elle remonta près de sa grand'mère et resta agenouillée plus d'une heure à prier à côté du corps. Nul n'osa la déranger dans ce soin pieux.

M. de Fouquerolles se fatigua pourtant d'une si longue attente et il envoya madame Legrand prier son élève de lui permettre de la voir.

— Il m'avait promis vingt-quatre heures de solitude, répondit la jeune marquise.

— Mon enfant, que votre douleur ne vous fasse point oublier vos nouveaux devoirs.

Il ne faut pas refuser à M. le marquis la permission qu'il demande, il ne le faut pas.

— Quoi ! pas même libre de pleurer celle qui m'a élevée, celle qui fut si bonne et que je ne reverrai plus !

— Vous la pleurerez ensemble, cette nouvelle affection adoucira vos chagrins et vous rattachera à l'avenir. Ma fille, je vous en supplie, remontez chez vous, M. de Fouquerolles vous y rejoindra, ne le repoussez point.

— Allons ! puisqu'il le faut ! Aussi bien une explication est nécessaire, il vaut mieux qu'elle arrive plus promptement, vous pouvez avertir M. le marquis.

M. de Fouquerolles accueillit cette nouvelle avec une vive joie. Il vola plutôt qu'il ne courut à cette chambre, dont enfin l'entrée lui était ouverte, à lui qui l'avait tant rêvée, et son cœur battait à briser sa poitrine lorsqu'il en toucha la porte.

M. de Fouquerolles aimait sa cousine depuis l'enfance, il n'avait jamais désiré, dans ses jours d'ambition et de désirs, d'autre bonheur que celui d'être aimé d'elle et de devenir son mari. D'un caractère passionné violent, jaloux jusqu'à la frénésie, il avait pourtant de nobles sentiments. Son âme était généreuse et dévouée, sa parole d'une fermeté inébranlable et sa loyauté d'une certitude à défier même la calomnie ; à cette époque cette qualité n'était point encore aussi indispensable qu'elle l'est devenue de nos jours. On jouait un peu avec les vertus solides, et le courage effaçait tout. On ne louait personne d'être courageux, la nature des choses exigeait qu'on le fut, et nul n'y faisait défaut. Un gentilhomme devait être brave comme il portait le nom de ses pères et nul n'eût songé à l'en louer, pas plus que d'être venu au monde.

En entrant pour la première fois dans ce sanctuaire virginal, ses yeux se fixèrent avec respect sur tout ce qui l'entourait, sur l'image de la Vierge suspendue au chevet, sur les livres, le rouet, les fleurs flétries de la veille, les oiseaux abandonnés depuis le malheur et tristement perchés dans leurs cages oubliées. Il s'assit à côté de la fenêtre et attendit.

Isabelle parut bientôt, conduite par madame Legrand; ses yeux, gros de larmes, avaient de la peine à s'ouvrir, son visage abattu indiquait une de ces désolations qui brisent la vie et dont souvent on peut mourir. Son mari alla au devant d'elle.

— Vous voilà donc, ma cousine! dit-il, ivre de joie.

Il n'osait pas encore l'appeler sienne et le

nom de madame lui semblait bien dur à prononcer, il la nomma sa cousine, comme autrefois, à l'époque où elle n'était encore pour lui qu'une espérance.

— Oui, monsieur, répondit-elle désespérée, ne m'avez-vous pas fait appeler?

Ces mots percèrent le cœur du pauvre jeune homme et firent refouler sa joie bien loin dans son cœur. Elle ne venait que pour lui obéir, elle n'était point amenée par son désir à elle, mais par celui qu'il avait témoigné.

— Ah! murmura-t-il d'une voix déchirante, vous ne m'aimez pas!

Madame Legrand s'était retirée aussitôt après qu'elle eut introduit la jeune femme, ils étaient donc seuls.

Elle sentit qu'il fallait parler; la résolution qu'elle avait prise de ne tromper en rien son mari, de ne pas feindre un amour qu'elle n'éprouvait pas, lui semblait bien difficile à exécuter, cependant elle prit sur elle et s'y décida.

— Monsieur, commença-t-elle, vous me pardonnerez, je l'espère, le moment où je me trouve est horrible. La mort de ma mère suffit pour justifier mes larmes, mais ce n'est pas encore le plus grand sujet de mes douleurs. Veuillez vous asseoir, et écoutez-moi.

La volonté bien arrêtée donne un courage à toute épreuve, maintenant elle ne pleurait plus, elle ne craignait plus, la pensée d'un devoir accompli la rendait forte, elle continua.

— Notre union, arrêtée depuis que nous sommes au monde, devait être pour moi le comble du bonheur. Vous méritez si bien d'être aimé. Vous vous êtes toujours montré pour moi si plein de bonté et d'attention!

— C'est que je vous aime, Isabelle.

— Je sais que vous m'aimez, je sais que vous êtes le plus noble des hommes, je sais que je devrais être mille fois glorieuse et ravie du lien qui m'unit à vous, mais...

— Mais?... Achevez, grand Dieu !

— Mais, si j'en suis fière, je n'en suis peut-être pas assez joyeuse... J'ai... j'ai d'autres idées... Si j'eusse été libre...

— Vous m'eussiez refusé, madame ! Ah ! que ne l'avez-vous dit hier ! Vous me torturez à présent, vous me forcez à accepter votre malheur, le mien. Quand d'un mot vous pouviez nous laisser la liberté de rompre, pourquoi avez vous gardé le silence ?

— Parce que ma grand'mère me l'a ordonné, parce que la malédiction de mon père et de ma mère était sur moi, si je désobéissais.

— Vous vous êtes sacrifiée...

— C'était une dette d'honneur, monsieur, c'était un serment prêté, c'était notre famille sauvée par la vôtre qui s'acquittait en ma personne. J'ai dû obéir, mais aussi je dois vous parler franchement; je dois faire un appel à vos sentiments généreux, je dois vous prier de m'entendre, et vous supplier à genoux de me pardonner.

Elle s'inclina, en effet, devant son mari; il la releva d'un geste respectueux.

— Monsieur, je ne vous tromperai jamais, je n'ajouterai pas le remords à mes autres souffrances, car alors je n'aurais plus la force de les supporter. Ma conscience et l'appui de Dieu me soutiendront, au contraire, tant que je n'aurai pas de reproches à m'adresser. Vous allez lire dans mon cœur comme moi-même, après, vous m'accorderez toute votre confiance, car je vais vous avouer ce que nul être vivant ne saurait vous dire, puisque tous l'ignorent. J'en aimais... j'en aime un autre...

— Ah! n'achevez pas, madame, n'achevez pas. Si vous êtes coupable, si, guidée par un faux dévoûment vous avez pris mon nom pour ne m'apporter qu'un cœur flétri et une jeunesse effeuillée, je ne veux pas le savoir, je veux l'ignorer toujours. Je respecte trop celle qui dut être ma femme pour la traîner sur la claie de l'opinion. Vis à vis des autres nous serons ce que nous devrions être; mais, devant Dieu et devant nous, il n'existe point de liens, point d'union, nous sommes des étrangers, des amis peut-être, rien de plus assurément. C'est aussi votre opinion, sans doute, madame.

— Je serai tout ce que vous exigerez que

je sois, monsieur, je n'ai qu'à me soumettre. Cependant je ne puis me laisser accuser sans répondre, je ne puis accepter un jugement que je ne mérite pas. En vous avouant mon amour, j'ai le droit de vous demander de me croire. Je suis innocente, monsieur, je le suis, et je vous le jurerai sur le cadavre de ma mère. J'ai donné mon cœur malgré moi, je l'ai laissé surprendre par je ne sais quelle fatalité, que je n'ai pas encore la force de maudire, c'est là ma seule faute, et s'il en était autrement, j'aurais préféré la mort à l'infamie.

M. de Fouquerolles respira.

— Ah! dit-il, que le ciel soit loué! Je puis donc vous estimer encore, vous aimer toujours.

— Je ne vous ai pas tout dit.

— Que me reste-t-il à apprendre? Achevez, achevez! je ne supporterais pas longtemps ce supplice.

— L'homme que j'aime a conspiré contre le Cardinal, il est proscrit, il est en danger de mort, si on le retrouve, eh bien! moi, hier, au mépris des défenses et des craintes, je l'ai reçu ici, je lui ai donné asile, il est encore au château à l'heure où je vous parle.

— Il est à Saulieu! vous l'avez vu!

— Je l'ai vu ce matin, c'est vrai, répliqua-t-elle, en joignant les mains et en baissant la tête, je l'ai vu, je ne puis le cacher.

— Vous osez me l'avouer ainsi!

— Oui, j'ose vous l'avouer, parce que je puis vous regarder en face, parce que je l'ai vu pour lui dire que je ne le reverrais jamais ; parce que j'ai renoncé à lui, parce que je suis maintenant toute à mes devoirs, toute à la soumission qui m'est imposée envers vous; enfin, parce que je n'en suis pas moins digne de vous par mes souffrances que si j'arrivais joyeuse et folle enfant à l'autel, comme ma sœur. Le nom que vous m'avez donné je le porterai dignement et sans tache, jusqu'au moment où on l'inscrira sur ma tombe, et où Dieu m'en demandera compte au jour du jugement.

Le marquis ne répondit rien. Il resta quelques minutes la tête cachée dans ses mains, puis il se leva, fit plusieurs tours de chambre, en tordant ses moustaches, et, s'arrêtant devant Isabelle qui sanglotait, il lui dit :

— Quel a été votre but en m'avouant la présence de... de cette personne, madame ? Avez-vous craint que je ne la découvrisse ?

— Je vous l'ai dit parce que je devais vous le dire, monsieur, et que désormais le devoir sera le mobile de toutes mes actions.

— Et que comptez-vous que je fasse?

— Que vous le protégiez, monsieur; j'ai assez grande foi en votre noblesse d'âme, en votre générosité pour être très sûre que vous ne me refuserez pas.

M. de Fouquerolles recommença à se promener.

— Vous exigez beaucoup, madame, dit-il.

— Je n'exige rien, monsieur, je prie, je sollicite.

— Vous me croyez plus grand que je ne suis.....

— Non, je vous crois ce que vous êtes, je vous crois capable des plus dignes actions, je vous crois un vrai chevalier sans peur et sans reproches.

— Écoutez-moi, Isabelle, continua-t-il avec une grande chaleur, écoutez-moi et répondez-moi comme vous répondriez à Dieu, s'il vous interrogeait. Le moment est grave et solennel, tout notre avenir en va dépendre. Êtes-vous bien résolue à ne plus revoir celui que vous avez aimé?

— Aussi résolue que je le suis à vivre votre fidèle et irréprochable épouse.

— Vous m'avez dit toute la vérité sur cet homme?

— Je vous l'ai dite.

— Vous me jurez sur le corps de votre aïeule, encore privée de sépulture, que vous n'avez aucune faiblesse à vous reprocher.

— Je vous le jure.

— Eh bien, moi je vous jure à mon tour que notre hôte me sera sacré, je vous jure que je le défendrai, fût-ce au péril de ma vie.

— Oh! merci! vous êtes grand et noble!

— Je vous jure d'oublier ce que je viens

d'apprendre, ou du moins pour vous ce sera une chose oubliée, car rien de ma part ne vous le rappellera jamais.

Isabelle se leva et se courba de nouveau devant son mari; il la releva et, l'attirant à lui, il déposa sur son front un baiser.

— Voici le baiser de fiançailles, poursuivit-il avec un air presque joyeux, notre mariage se fera plus tard Isabelle, quand vous y consentirez.

— Ah! monsieur! comment reconnaître jamais tant de bontés!

— *Ma cousine*, c'est en vous laissant être heureuse, en me permettant de vous aimer, en m'aimant plus tard, un peu aussi. Je ne demande que cela au ciel et à vous.

Un moyen sûr d'enchaîner un cœur bien placé, de lui faire détester la trahison, c'est de s'abandonner complètement à lui, c'est de l'écraser sous un bienfait, sous la confiance. Il ne pourra plus tromper, il ne pourra plus supporter ou mériter un reproche. Madame de Fouquerolles suffoquait; l'attendrissement, les regrets, la honte de se sentir si inférieure à lui brisaient son âme. Elle eût voulu s'humilier mille fois davantage, car aucune expiation ne lui paraissait assez grande. Elle devait aimer cet homme, devenu un héros de dévoûment et d'abnégation, et son cœur ne pouvait ainsi briser sa chaîne, pour en accepter une autre qu'il n'avait point choisie. Ce tourment de son insuffisance, de l'ingratitude, est le plus grand de tous les tourments.

Le marquis, en homme de parfait savoir vivre, d'une délicatesse scrupuleuse, comprit qu'il devait maintenant la laisser à elle-même et à ses réflexions. Il lui fit encore quelques questions sur Jacques, s'informa de tout ce qu'il désirait savoir, et ajouta :

— Maintenant sa sûreté me regarde, je vous réponds de lui, à vous, Isabelle, et, comme notre hôte, j'en réponds à notre honneur. Adieu, reposez-vous, ne vous faites ni chimères, ni remords au sujet de mes pensées. Je serai heureux si vous l'êtes, j'oublierai, si vous ne vous souvenez plus. Notre sort est entre vos mains, vous pouvez le faire tranquille et prospère. Vous le ferez, n'est-ce pas?

Pour toute réponse, Isabelle prit sa main qu'elle appuya sur son cœur.

— D'aujourd'hui vous y avez la meilleure place.

Il ouvrit la porte et dit encore quelques mots à la marquise; ils allaient se séparer, lorsque des cris perçants arrivèrent jusqu'à eux de l'étage inférieur.

On discutait, des pertuisannes et des fusils retentissaient en frappant les dalles. On entendait une voix dominant les autres et qui répétait sans cesse :

— C'est moi que vous cherchez, c'est moi qui suis le comte de Maulevrier, si vous ne me croyez pas, demandez le, tout le monde me connaît ici.

— Mon Dieu! le malheureux il se livre ! s'écria la marquise, il est perdu.

— Je ne vous avais pas demandé son nom, Isabelle, c'est lui qui me l'apprend. Il se livre, dites-vous. Ah! que peut-il chercher de mieux que la mort, après vous avoir perdue !

— Allez! allez! je vous en prie, au nom de tout ce qui vous est cher, sauvez-le, vous me l'avez promis.

— Et je vous le promets encore, dussé-je jeter les archers dans les fossés et porter ensuite ma tête sur l'échafaud. Mais, vous,

Isabelle, ne vous montrez point dans tout ceci, restez chez vous, je vous en conjure. Attendez-moi, je reviendrai.

M. de Fouquerolles descendit vivement l'escalier et se trouva en face de Jacques, que Gournay cherchait à retenir, pendant que les gens du Cardinal se consultaient pour savoir ce qu'ils devaient faire.

— Qu'est-ce que cela, messieurs? demanda-t-il, et de quel droit vous permettez-vous de rester ainsi armés dans ce château qui m'appartient? Le roi est mon seigneur et mon maître, mais il ne peut ordonner mon déshonneur. Ce gentilhomme est mon hôte, et pour arriver jusqu'à lui, il faudrait d'abord me tuer à cette place. Qu'un de vous l'essaie, s'il l'ose!

FIN DU PREMIER VOLUME.

TABLE

DES

CHAPITRES DU PREMIER VOLUME.

		Pages
CHAP.	I. — Bergerie.	1
—	II. — L'inconnue.	25
—	III. — Les bords de la Vive.	57
—	IV. — Le neuf de pique.	81
—	V. — La fin d'un jour pur	103
—	VI. — A Paris	137
—	VII. — Dans la forêt.	169
—	VIII. — Rueil.	185
—	IX. — Les Adieux.	229
—	X. — Un Mystère.	247
—	XI. — Pressentiments.	267
—	XII. — Le lendemain des Noces.	281

FIN DE LA TABLE DU PREMIER VOLUME.

Fontainebleau. — Imprimerie de Jacquin.

EN VENTE.

LES ÉTUVISTES

ou

PARIS DANS CE TEMPS-LA

PAR CHARLES PAUL DE KOCK.

Ouvrage complet et inédit. — 8 volumes.

UN MONSIEUR TRÈS TOURMENTÉ

PAR CHARLES PAUL DE KOCK.

Ouvrage complet. — 2 volumes.

Impr. de E. Dépée, à Sceaux.